正しい打ち方教えます
飯島茜のゴルフ上達レッスン

プロゴルファー
飯島茜［著］

はじめに

「これからゴルフを始めたいけど、何をすれば良いか分からない」という初心者や、仕事で忙しく練習ができない経験者、基礎を再度見直したい上級者、そして本を読むのが苦手だけど、とにかくゴルフが上手くなりたい全ての人に、ぜひ見ていただきたい本ができました。

この本では、見てわかるようにたくさんの写真やイラスト、コメントも駆使して、初心者向けのゴルフの基本から上級者向けのニッチな技術まで、幅広く解説しました。私自身、文章を読むのがどちらかというと苦手なので、まずは写真をみて、わからないことがあったら補足文を読んでもらうと良いと思います。YouTubeの視聴者からも好評な「擬音入りレッスン」など、私のユニークな教え方を、より分かりやすく本に落とし込みました。

第1章では、フェイスの合わせ方、グリップと構え、アドレスのルーティーンなどを通して「茜流アドレス」を紹介しています。第2章では、体の動かし方や手上げの防ぎ方、クラブの入り

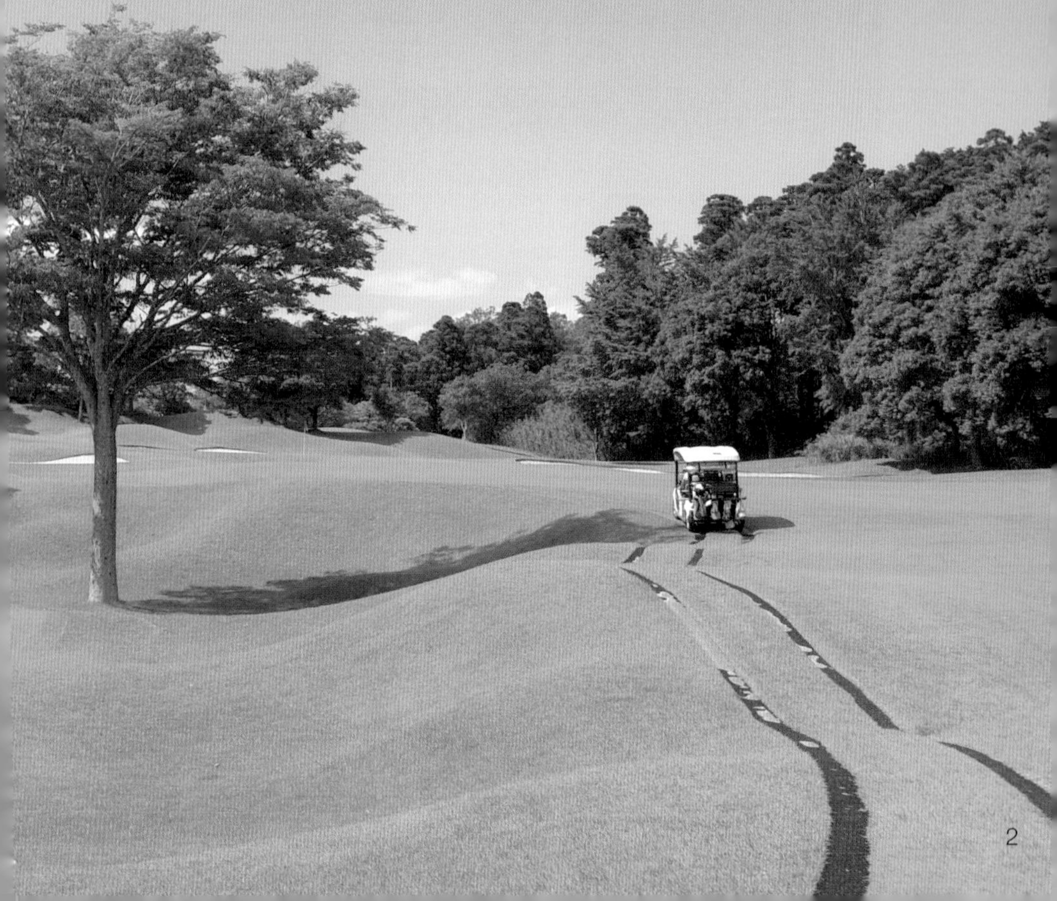

方を解説した「茜流のボディーターン」。第3章では「飛距離アップ」を実現するための素振りや捻転ドリルを紹介しています。最後の第4章では、コースを回る際のマネジメントを紹介し、実際のラウンドでのスコアアップを目指します。

各レッスンのページには、私のYouTubeチャンネルの動画が見れるQRコードも載せてあるので、動きの流れを動画で確認することもできます。おすすめは、本書を見て、YouTubeで実際の動きを確認すること。「静と動で理解する」という学び方です。

ゴルフを続けていると、「昨日の自分より成長したい」「次回はこれを試してみよう」という気持ちがどんどん湧いてきます。この本がそんなゴルフの奥深い魅力に対する理解を深めて、実践の手助けとなれば、私としても大変うれしいです。

無理なく、自分のペースで楽しくスコアアップしていきましょう。

飯島 茜

Contents

Contents

「関連動画」について

所定のページにあるQRコードをスマートフォンで読み込むと、本書の著者である飯島茜が配信するYouTubeチャンネル「飯島茜のゴルフちゃんねる」の動画がご覧いただけます。本書の内容を理解するための参考にしてください。

※QRコードを読み取っての動画閲覧は予告なく終了する可能性がございます。ご了承ください。

※QRコードは株式会社デンソーウェーブの登録商標です。

第1章

ゴルフ上手の決め手は「茜流・アドレス」にあり

正しいフェイスの
向きとは

正しいフェイスの合わせ方

**私がまず初めにアドレスで注意することはフェイスの向きです。
向きが正しくないとボールは目標方向に飛びません。皆さんも注意しましょう。**

間違ったフェイスの向き

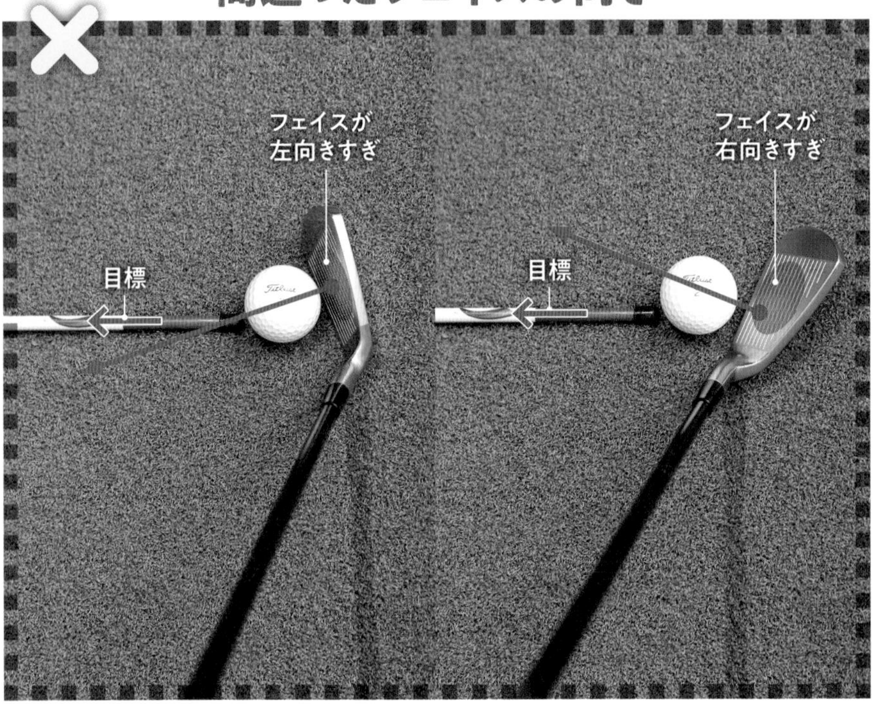

フェイスが
左向きすぎ
目標
フェイスが
右向きすぎ
目標

皆さんの構え方を見ていると、フェイスの向きが合っていない人がほとんどです。ボールはフェイスの向きに飛びますから、フェイスが開いている（写真右）と右に飛びます。フェイスが閉じている（写真左）と左に飛びます。

正しいアドレスは ゴルフの9割を占める

私のレッスン生にはゴルフを始めたばかりの人から、プロを目指している人まで、様々な方がいらっしゃいます。どんな方であろうと、私がまず皆さんにはじめに教えることは、正しいアドレスです。正しいアドレスは、ゴルフの9割を占めるといわれるほど大切なもので、プロは何気なく構えているように見えますが、実はアドレスに全神経を集中させているのです。正しいアドレスを作るにはフェイスの向き、グリップ、ボールの位置、スタンス、身体の向き、前傾角度、重心位置、左右の体重配分などがあります。

皆さんもこれらの動きをチェックして、正しいアドレスを完成させましょう。

正しいフェイスの向き

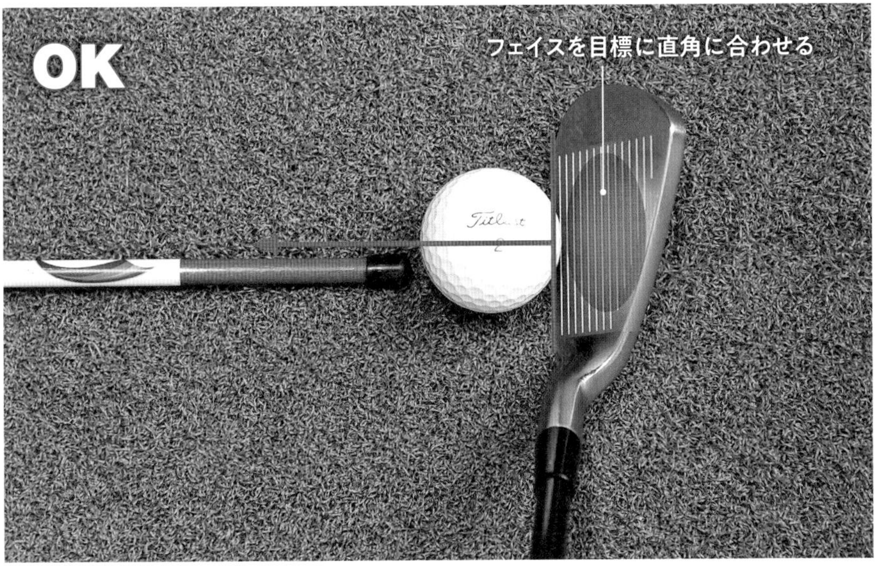
OK
フェイスを目標に直角に合わせる

正しいフェイスの向きは、目標方向に対して、フェイスを直角に合わせるようにセットします。するとボールは目標方向に飛ぶのです。

マットを使ったフェイスの合わせ方

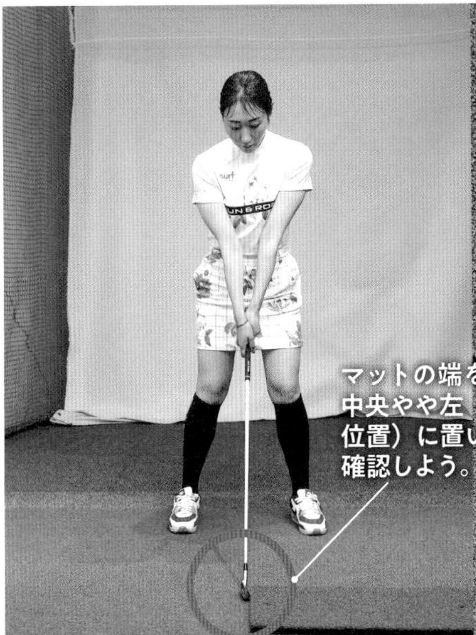
マットの端をスタンス
中央やや左（ボールの
位置）に置いて構えて
確認しよう。

マットの角を使う

上の写真のようにクラブのネックをマットの角に当て、クラブのソールをマットに合わせて構えます。これでフェイスが目標方向に対して直角になっていることを確認できます。

関連動画は
コチラ

正しいグリップと構え

クラブを自分の正面に立ててクラブの重さを感じながらグリップを作ると緩みの少ないグリップが作れます。これが私のおすすめです。

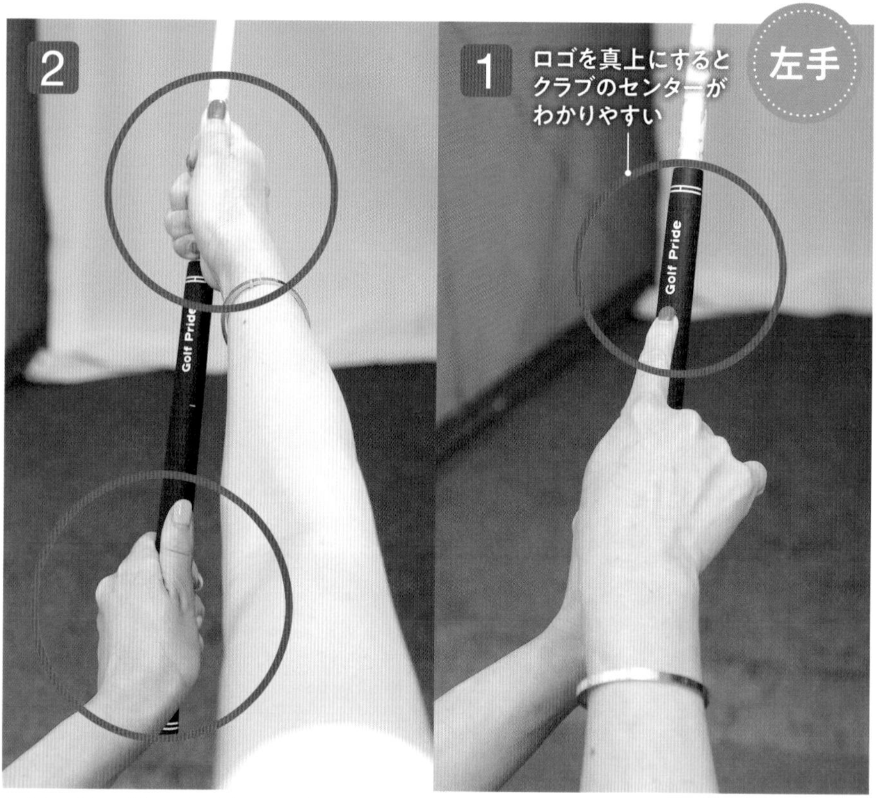
2
1
ロゴを真上にすると
クラブのセンターが
わかりやすい
左手
Golf Pride
Golf Pride

1 グリップのロゴが上にくるようにクラブをセットします。**2** クラブがグラつかないように両手を離して握りましょう。

目の前でクラブを立てた状態でグリップを作る

クラブを下に置いてグリップを作るのではなく、まずクラブを目の前に立てた状態で握ってから、グリップを作るように教えています。そのとき両脇が締まっていることもチェックしましょう。

そしてクラブを立てたまま自分の右耳くらいの角度まで傾け、その位置からクラブヘッドの重さを感じながらクラブを下ろすと自然なハンドファーストの構えが作れます。クラブを吊るすようにして少し高い位置に置くようにすすめています。この一連の動作を覚えてスムーズな構えを作りましょう。

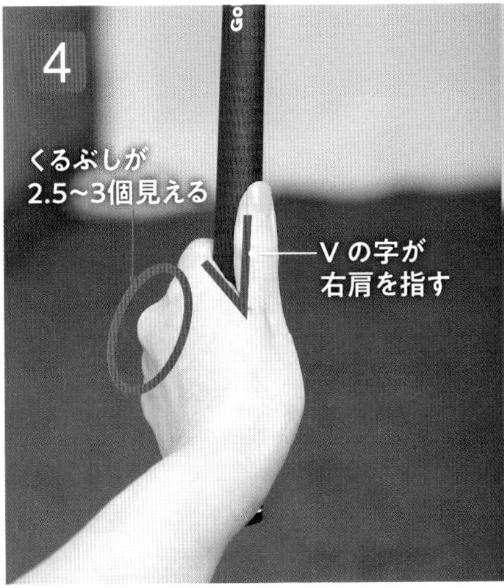
4
くるぶしが
2.5~3個見える
Vの字が
右肩を指す

3
小指の付け根から中
指の第3関節にかけ
てグリップをセット

3 グリップを小指の付け根から人差し指の第 1 関節と第 2 関節の間に置きます。**4** グリップを握ったとき親指と人差し指で作る V の字が右肩を指すように握ります。力が弱い方にはくるぶしが 2.5 ～ 3 個見えているくらいのグリップがお薦めです。

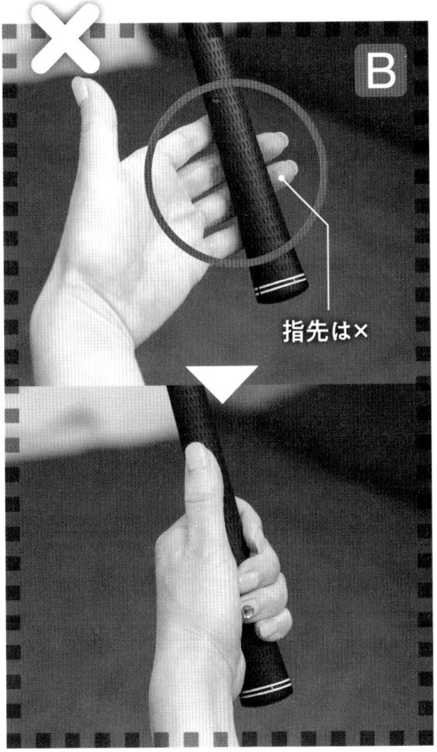
×
B
指先は×

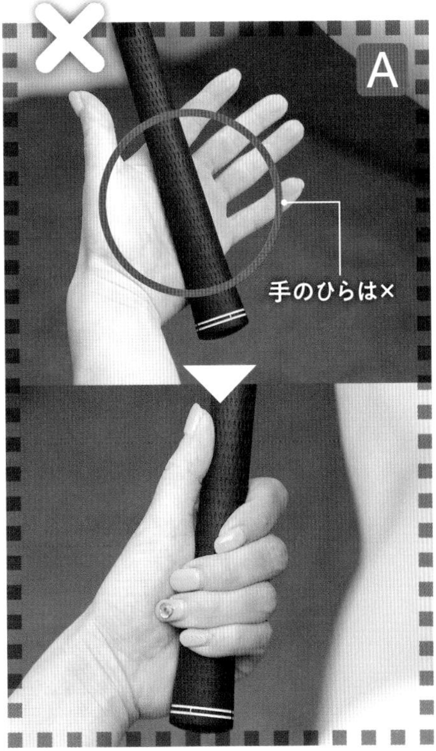
×
A
手のひらは×

A 手のひらで握るとフェイスが開きやすいのでスライスボールが出やすくなります。**B** 指先で握るとフェイスが返りやすいのでボールをひっかけやすくなります。

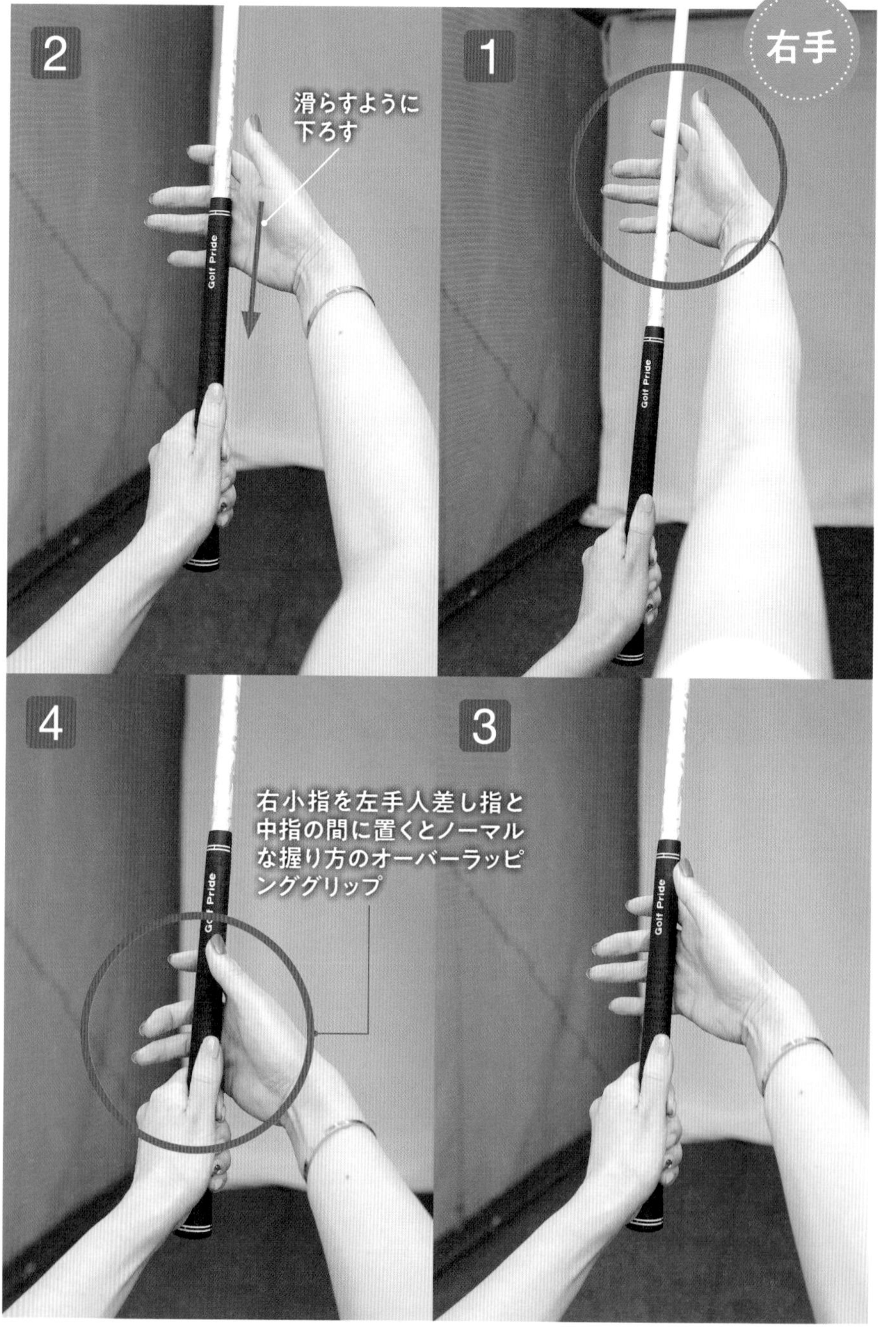
右手
1
2
滑らすように
下ろす
3
4
右小指を左手人差し指と
中指の間に置くとノーマル
な握り方のオーバーラッピ
ンググリップ

1 左手のグリップが完成したら、右手のグリップを作りましょう。右手を広げ指の付け根をクラブのシャフトに当てます。**2 3** シャフトに沿って滑らすように下ろします。**4** オーバーラッピンググリップの場合、小指は左手人差し指と中指の上にかけます。

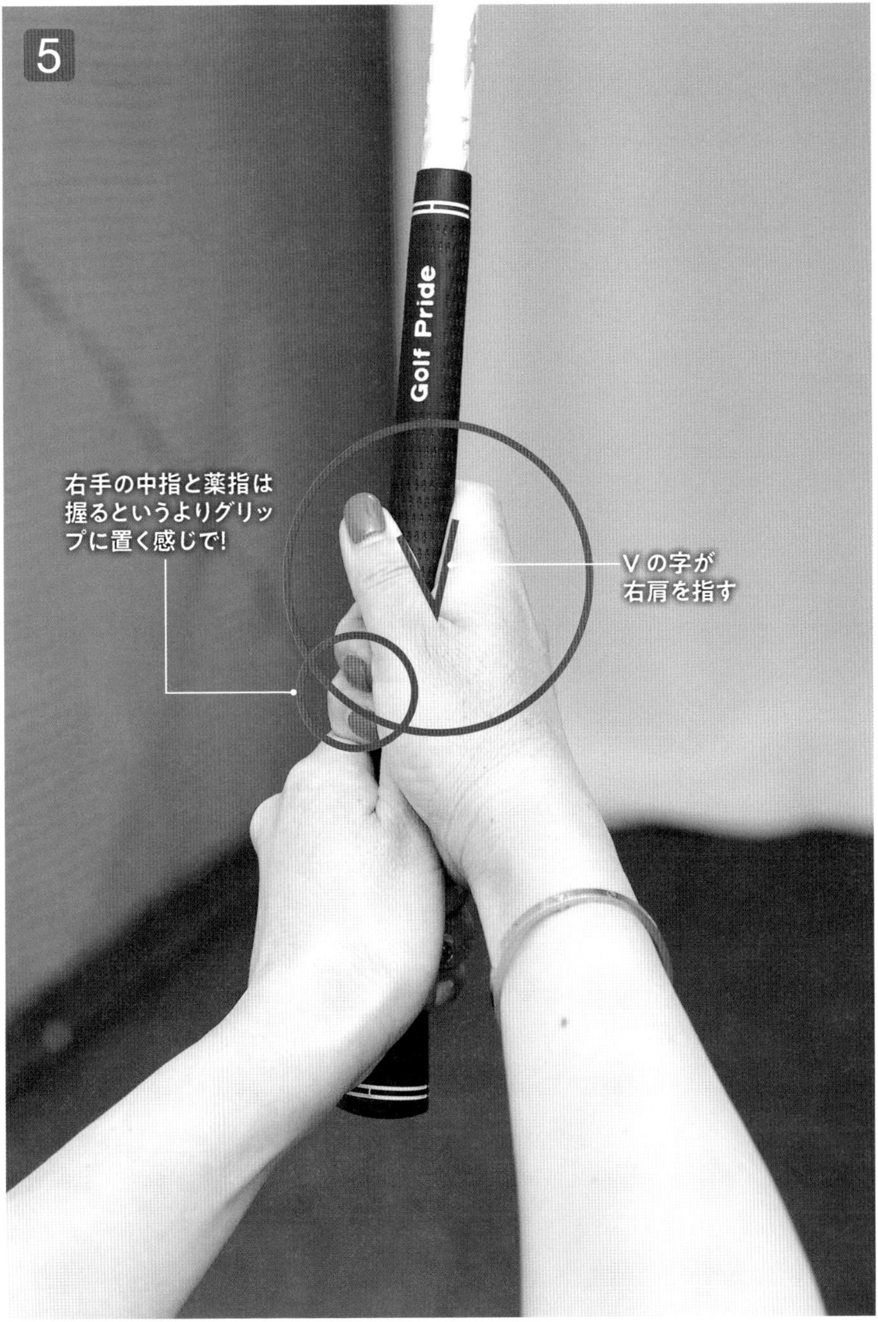
5
右手の中指と薬指は
握るというよりグリッ
プに置く感じで!
Vの字が
右肩を指す
Golf Pride

5 薬指、中指はグリップを握るというより置くような感じにします。 親指と人差し指でグリップを挟むようにしてできたVの字が右肩を指すように握れば完成です。クラブを左右に少し揺すってみて、グリップがグラつかないか、クラブヘッドの重さを感じられるかなど、しっかり握れているかを確認しましょう。

脇の締め方（ZIP !ポーズ）

1
手を上に上げて〜
2
上から下に大きい円を描くようなイメージで肘から下ろしましょう
ジ〜ップ
3
内側から絞るようなイメージで軽く脇を締めます
4
軽く脇が締まったことを感じましょう

グリップを握るとき脇を締めて構えるとグリップが緩まず、手とクラブの一体感を感じながら握れます。脇の締め方は、ZIP! ポーズを意識してみましょう。**1** 手のひらを前にして両手を上げ、脇を開けた状態にします。**2** 脇が締まるのを意識しながら手を下ろします。**3** 手のひらを上にして両手の小指をくっつけるように ZIP! ポーズをとると自然に脇が締まるのが感じられるはずです。**4** その状態でグリップするようにしてください。

正しい構え方

関連動画は
コチラ

1

軽く脇を締めた正しい
グリップでクラブを立
てて、正面に構える。

2

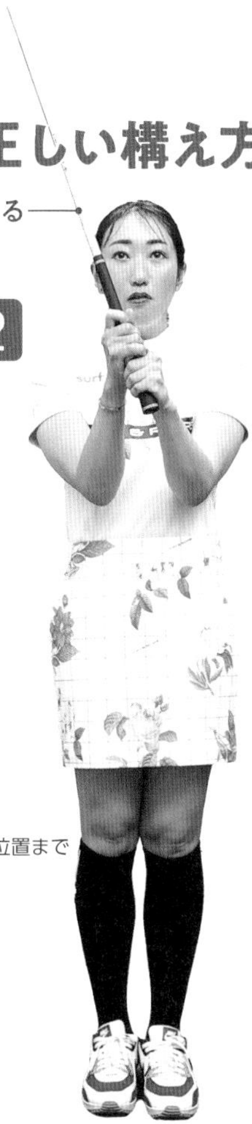

クラブを右耳の位置まで
ゆっくり傾ける。

3

脇を締めたまま、ク
ラブの重さを感じな
がら下におろす。

4

クラブを吊るすよう
なイメージで手の位
置は少し高めにする。

5

ボールにセットすると、
自然にハンドファースト
の形になる。

正しいボールの位置

**アイアンの場合ボールの位置は
スタンスの中央よりやや左にセットしましょう**

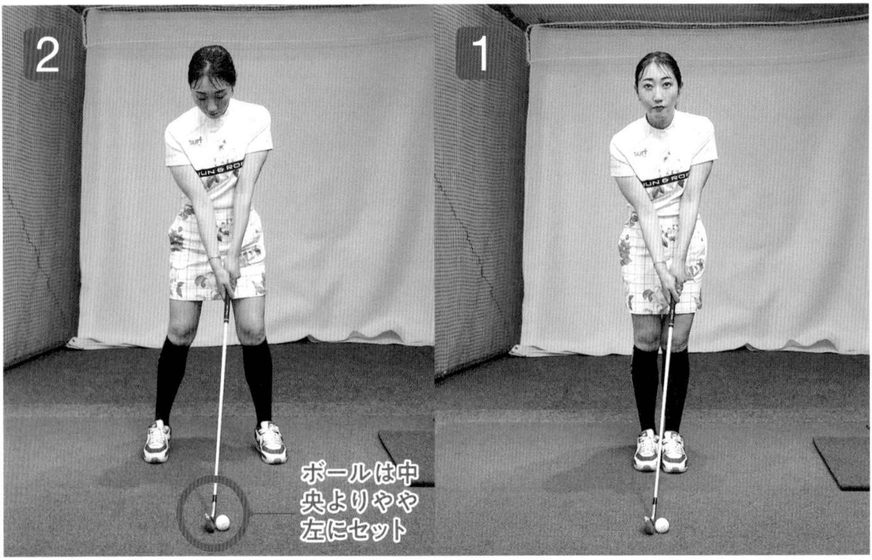
2
1
ボールは中央よりやや左にセット

1 アイアンの場合、両足を閉じたままボールを真ん中にセットします。**2** クラブを構えてから両足を広げて、ボールが中央よりやや左にくるようにスタンスをとります。

ボールの位置が左すぎる
ボールの位置が右すぎる

ボールを右に置きすぎると（写真右）上半身が詰まりやすいのでプッシュアウトやひっかけなどのミスが出やすくなります。ボールを左に置きすぎると（写真左）上半身が被ってダフリ、フック、スライスなどの様々なミスが出やすくなります。

正しいグリップの位置

**グリップが左足のつけ根を指すのが
正しいグリップの位置です**

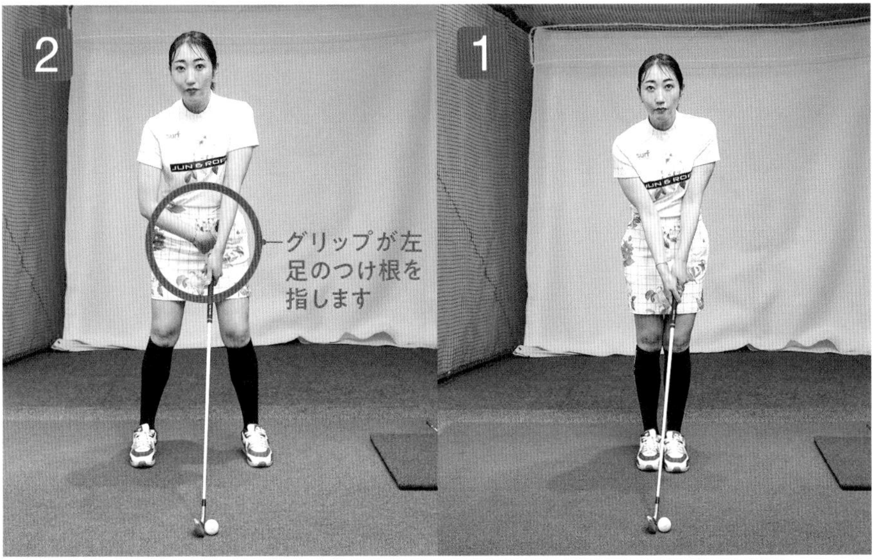
2
1
グリップが左
足のつけ根を
指します

1 2 両足の中央よりやや左にボールをセットしてアドレスしたとき、グリップが左足のつけ根の方向を指しているのが正しいグリップの位置です。グリップはボールの少し前の位置にあるのでハンドファーストの形になります。

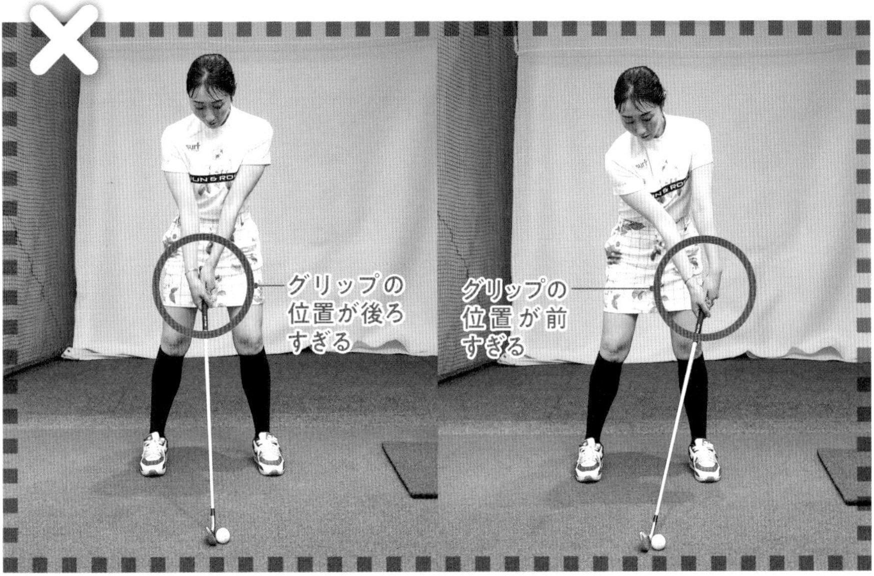
グリップの
位置が後ろ
すぎる
グリップの
位置が前
すぎる

手の位置が前すぎると（写真右）クラブのロフトが立つのでひっかけやすく、低いボールになりやすいです。手の位置が後ろすぎると（写真左）ロフトが寝てトップなどのミスやイメージより高く上がるのでボールは飛びません。

正しいスタンス

**スタンスは体格の違いや年齢によっても変わります。
自分に合ったスタンスを見つけましょう**

スタンス幅

通常
スタンス幅は肩幅
くらいがノーマル

通常のスタンス幅は、自分の肩幅ぐらいになります。これより狭いとスイングするとき回転はしやすくなりますが、体重が股関節に乗っていかないので身体がぶれてしまいます。

広め
やや広めでもいいですが回
転がしにくくなることを頭
に入れておいてください

PGA の松山英樹プロなどは、かなり幅広いスタンスでスイングするタイプです。スタンス幅が広いと下半身は安定しますが、そのぶん身体の回転や体重移動がしにくくなりますので、自分の身体の硬さなども考えて判断しましょう。

つま先の向き

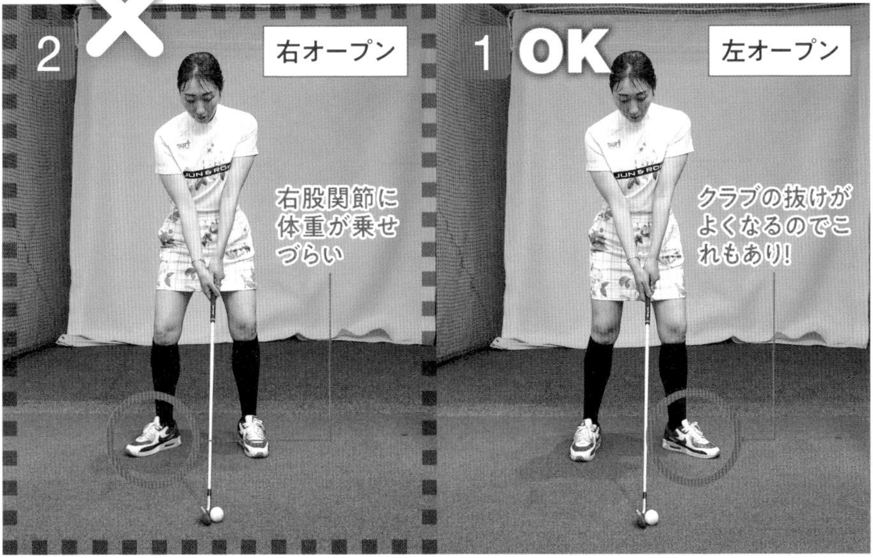
2
右オープン
右股関節に体重が乗せづらい
1 OK
左オープン
クラブの抜けがよくなるのでこれもあり!

通常のスタンスはつま先の向きは正面を向いて構えますが、つま先の向きが変わった場合について説明しましょう。**1** 左足のつま先を開いて構える。クラブの抜けがよくなりますので、フォロースルーもしやすくなります。フィニッシュが取れない方にお薦めです。**2** 右足のつま先を開いて構える。テイクバックで右股関節に体重が乗らないと腰が引けやすくなります。右足つま先は開かないようにしましょう。

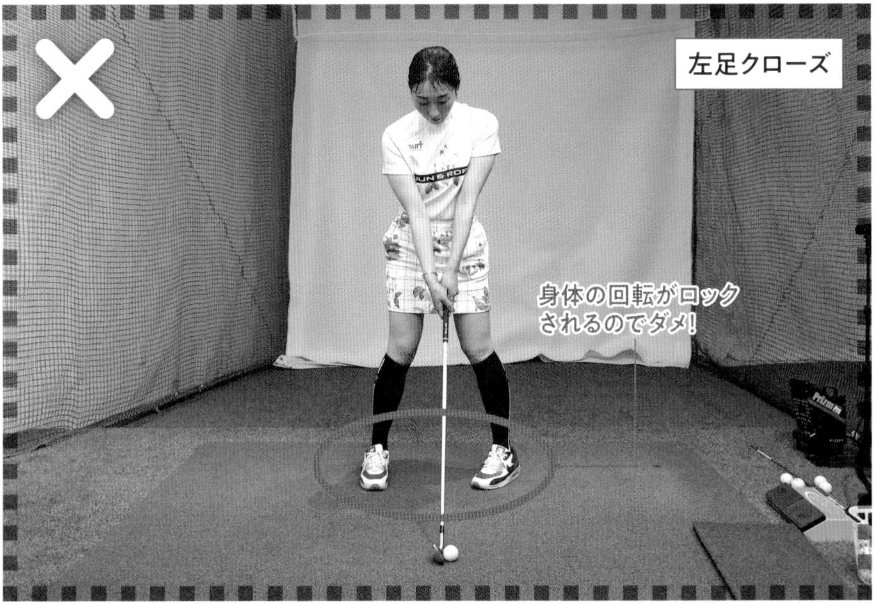
左足クローズ
身体の回転がロックされるのでダメ!

左足のつま先を閉じてクローズに構える人は、身体の回転がかなりロックされますので、回転できないぶんインパクトで詰まり、反動で体が反りかえるためミスショットする方が多いようです。左足つま先は閉じないように注意しましょう。

正しい身体の向き

**身体の向きがずれているとボールは目標方向には飛びません。
アライメントスティックなどを使って正しい向きを確認しましょう**

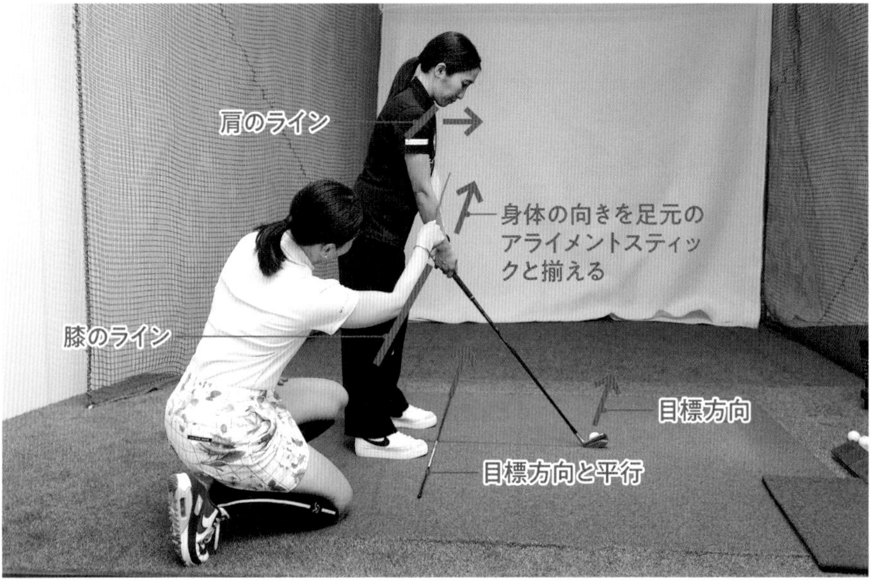
肩のライン
身体の向きを足元のアライメントスティックと揃える
膝のライン
目標方向
目標方向と平行

自分では目標方向を正しく向いていると思っていても目標方向を向いていない場合があります。アライメントスティック（クラブでも可）などを使って、つま先、太もも、肩、腕などのラインを調べます。つま先のラインを目標方向にセットし、ラインに合わせて身体の各ラインをチェックしましょう。

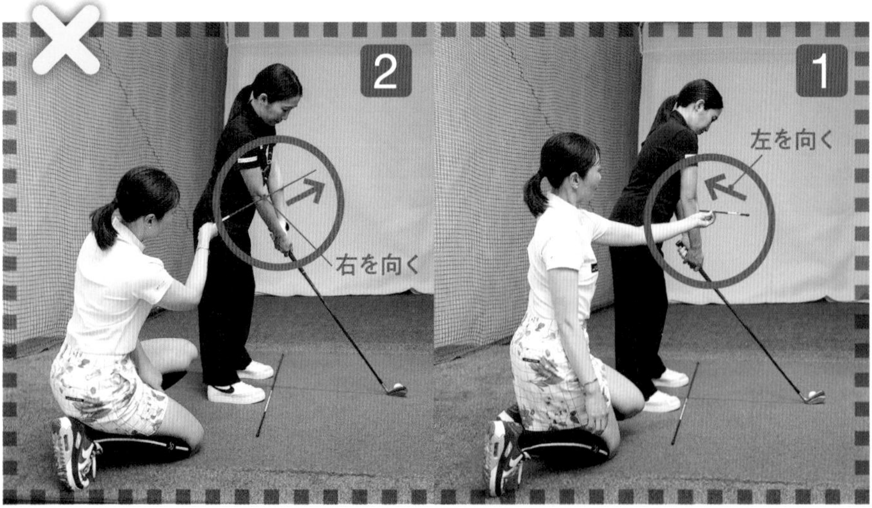
×
2
右を向く
1
左を向く

1 目標方向に対して両肘、両肩のラインが左を向いています。クラブが外から被って入りボールが左方向に真っすぐ飛んだり、ボールをこすってスライスなどのミスも出ます。**2** 目標方向に対して両肘、両肩のラインが右を向いています。クラブがインサイドから入ってそのまま右から右へプッシュアウトしたり、クラブが返るとひっかけやチーピンなどのミスも出ます。

目線を目標に合わせる

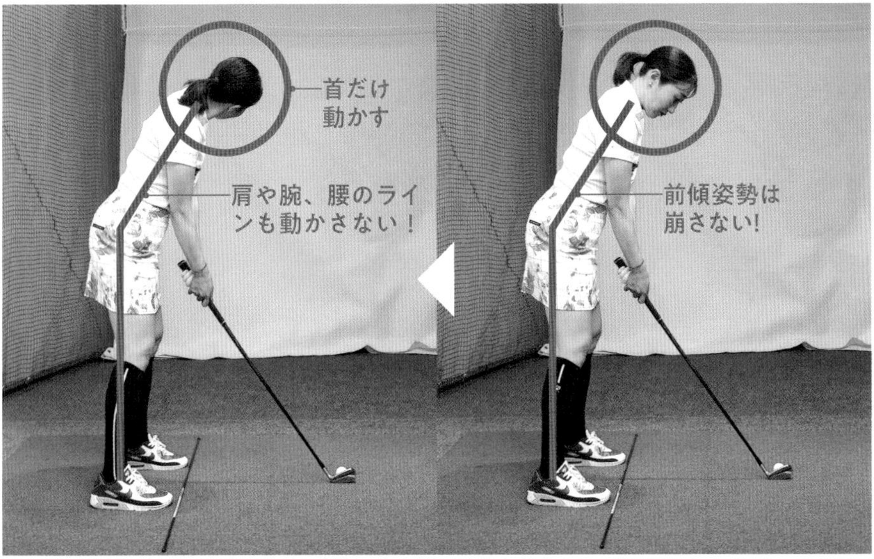

身体の各ラインを目標方向に合わせたあとは、構えたままの頭の位置で首だけ動かして目線を目標方向に合わせてラインを確認しましょう。この目線の合わせ方を練習しておきましょう。アライメントスティックが使えないコースでも、目線をラインに合わせることで、身体の各ラインがパズルのように正しくリセットされる感覚がつかめます。目標方向に正確なショットが打てることにつながるはずです。

身体の各ラインを目標方向に合わせたあと、顔を上げて目標方向を確認すると目線のラインが崩れます。同時に身体のラインも崩れるので目標方向が狂ってしまいます。

正しい前傾姿勢

**上半身を股関節から折るようにお辞儀すると
正しい前傾姿勢が作れます**

関連動画は
コチラ

正しい前傾姿勢の作り方

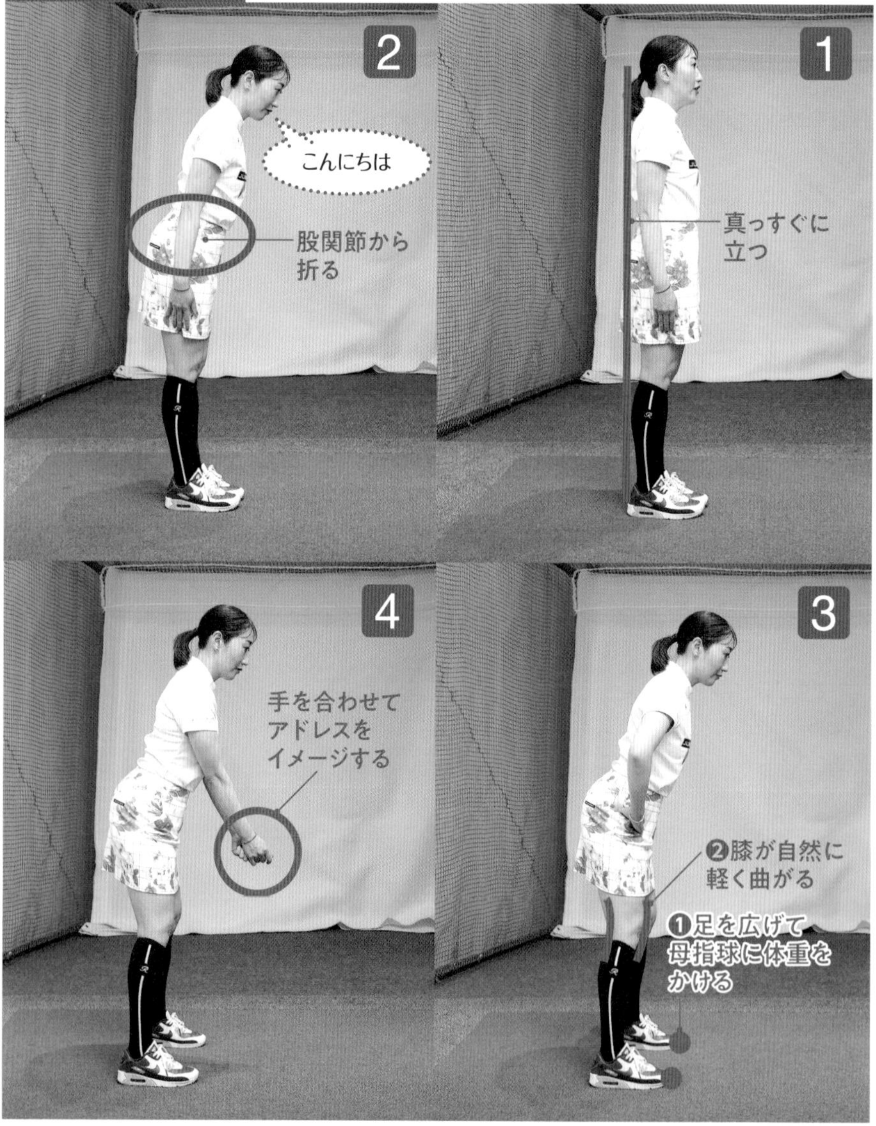
1
真っすぐに
立つ
2
こんにちは
股関節から
折る
3
❷膝が自然に
軽く曲がる
❶足を広げて
母指球に体重を
かける
4
手を合わせて
アドレスを
イメージする

1 背筋をピンと伸ばして顔を正面に向けます。相手に挨拶するイメージで真っすぐに立ちます。**2** この姿勢から上半身を折ってお辞儀をします。普段は意識しない股関節から曲がっているのが分かるはずです。**3** お辞儀した状態のまま、股関節を意識しながら両足を広げてスタンスをとります。両足の母指球に体重をかけると、膝も自然に軽く曲がります。**4** 手を合わせると、アドレスでの正しい前傾姿勢が作れるのです。

上半身が股関節から
折れた正しい前傾姿勢
股関節

プロとアマチュアの大きな違いのひとつは前傾姿勢です。プロは股関節を意識して前傾姿勢を作り、スイング中も前傾姿勢をキープしているのでスイング軌道が安定するのです。皆さんもぜひこの正しい前傾姿勢を習得してください。

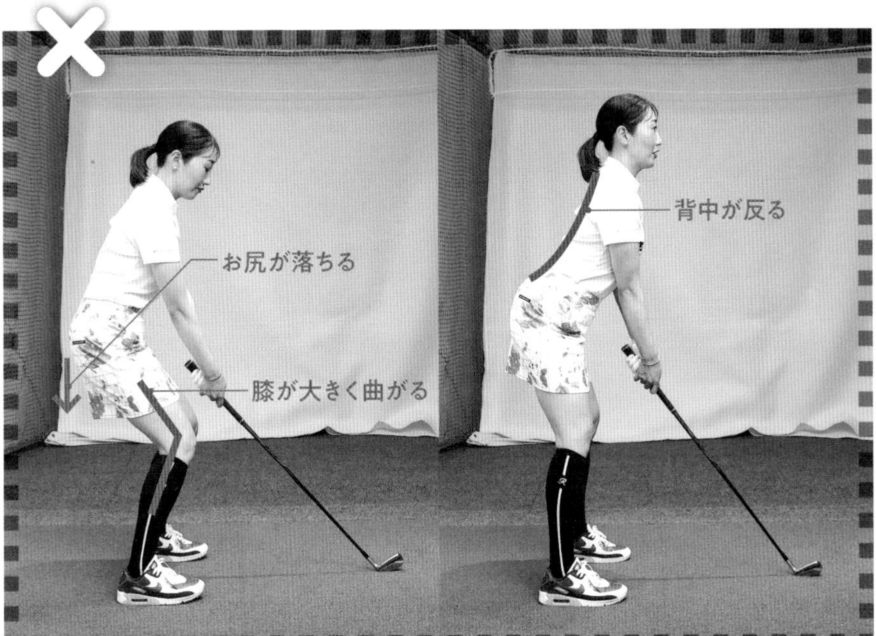
お尻が落ちる
膝が大きく曲がる
背中が反る

股関節から折る前傾姿勢ができていません。写真右のようにお尻を突き出して背中が反ると腰に負担が大きい構えになります。写真左はお尻が落ちて膝も大きく曲がっているので手打ちスイングになる構えです。注意しましょう。

正しい重心位置

上半身を股関節から曲げて
重心を両足つま先の母指球に乗せましょう

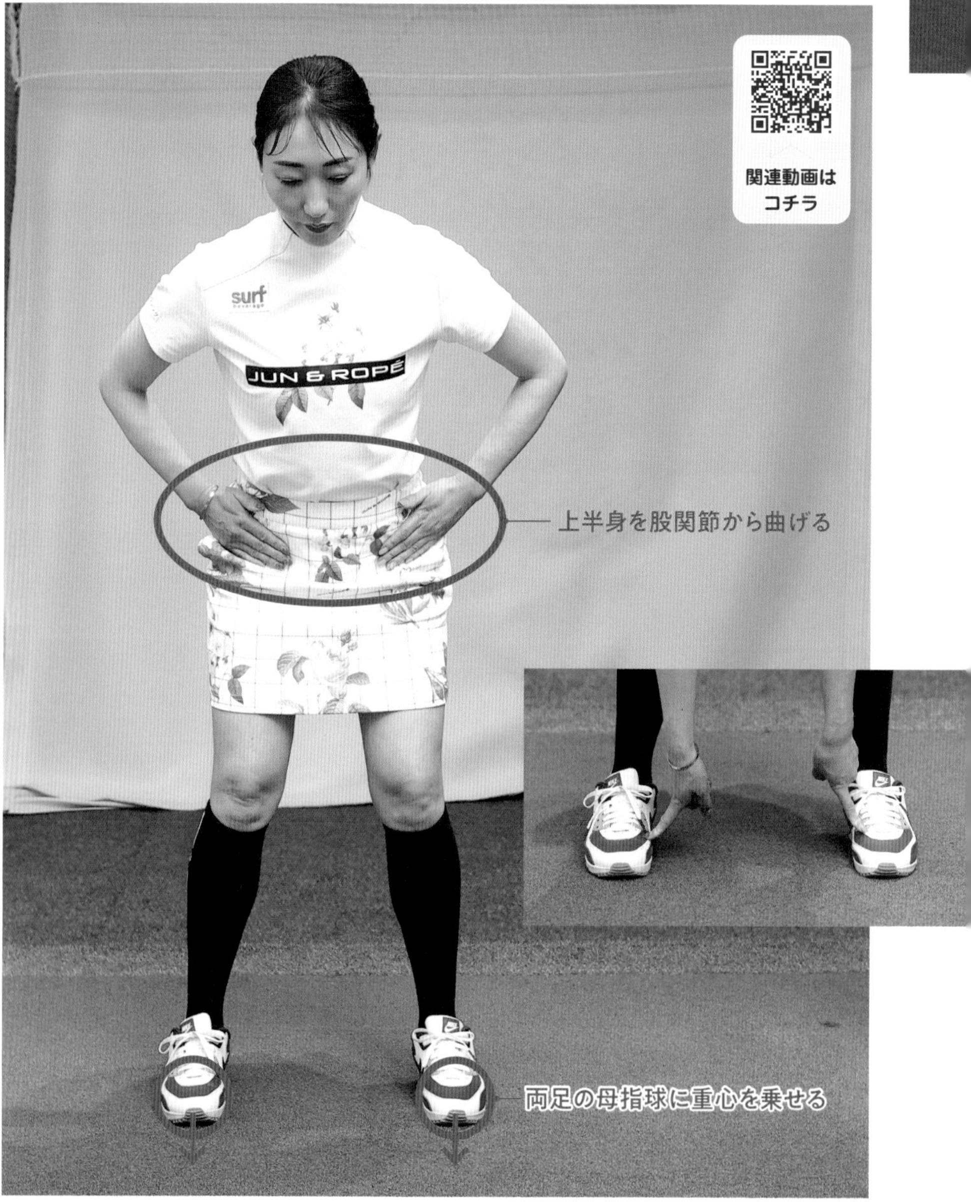
関連動画は
コチラ
上半身を股関節から曲げる
両足の母指球に重心を乗せる

上半身を股関節から曲げる正しい前傾姿勢をとります。両足の母指球に重心を乗せると、上半身と下半身のバランスがとれるのでスイングがいつでも始動できる安定した状態になります。

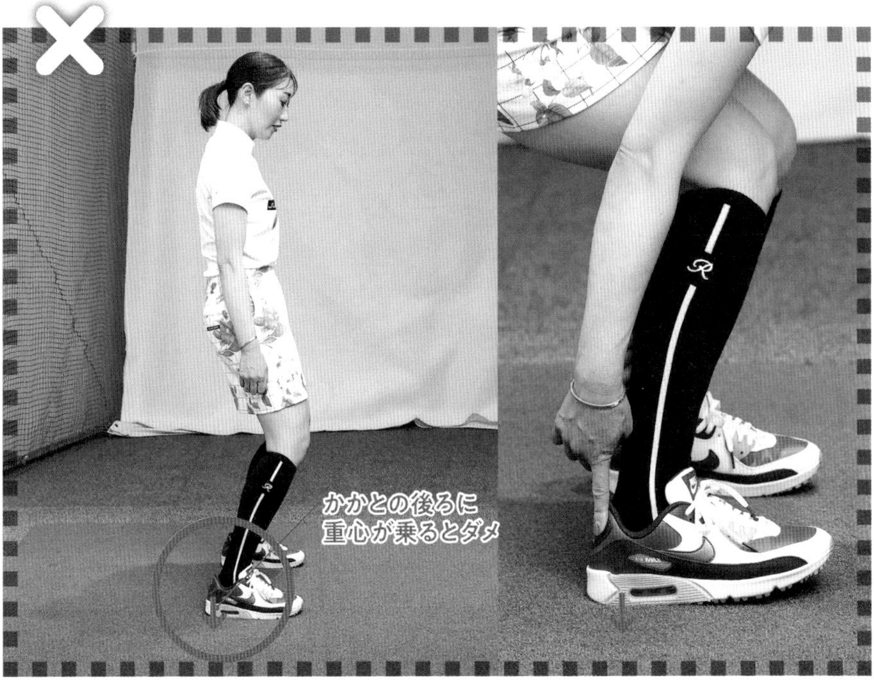
かかとの後ろに
重心が乗るとダメ

正しい前傾姿勢が取れず、お尻が下に落ちた状態になると両足のかかとに重心が乗るので、スイングが不安定になり手打ちになります。

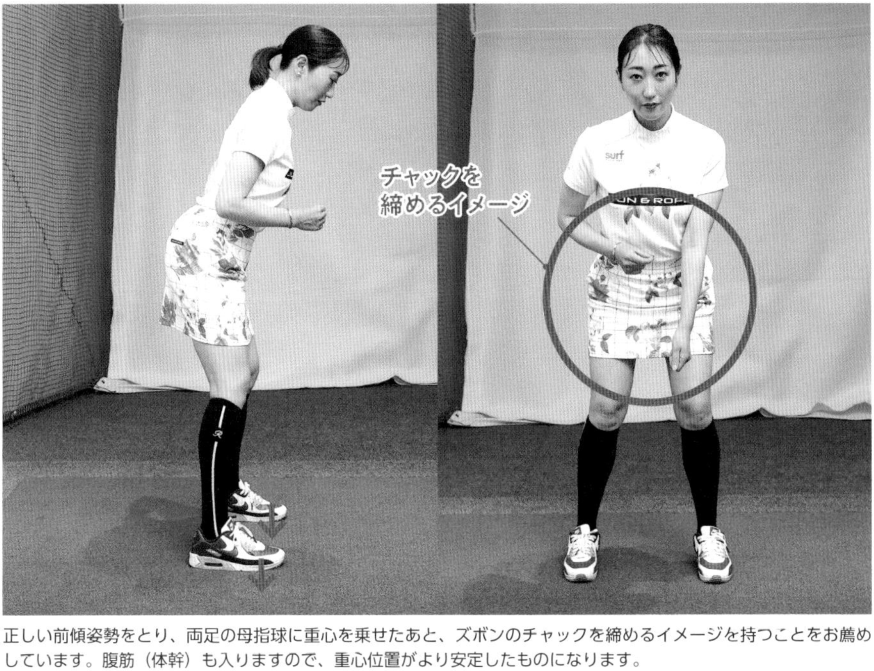
チャックを
締めるイメージ

正しい前傾姿勢をとり、両足の母指球に重心を乗せたあと、ズボンのチャックを締めるイメージを持つことをお薦めしています。腹筋（体幹）も入りますので、重心位置がより安定したものになります。

正しい体重配分と軸

ドライバーとアイアンでの
体重配分と軸の位置の違いを確認しましょう

関連動画は
コチラ

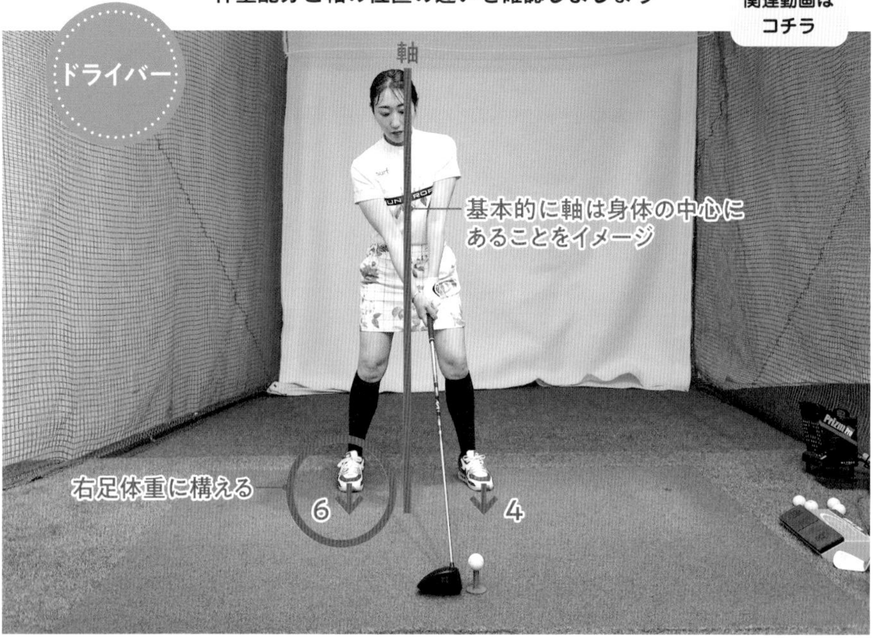
ドライバー
軸
基本的に軸は身体の中心に
あることをイメージ
右足体重に構える
6
4

ドライバーの場合はボールをティーアップしています。アッパーに振りたいので、基本は体重も右足６：左足４の右足体重になりますが、軸はいつも身体の中心に保ちます。

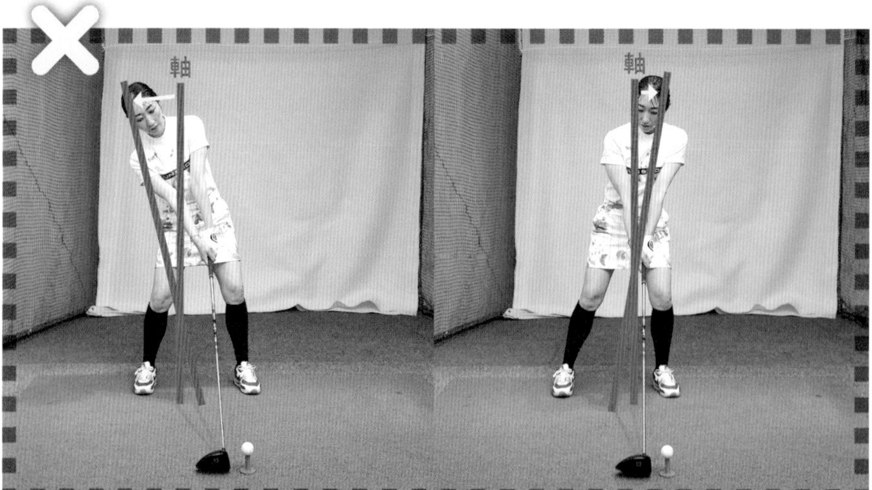
軸
軸

上写真右のように軸が左に傾きすぎると左足体重が強くなります。上から打ち込むスイングになりやすくテンプラなどのミスが出ます。上写真左のように軸が右に傾きすぎると右足体重が強くなりプッシュアウトやトップ、チーピンのミスにつながります。

アイアンの場合は地面にあるボールを打ちます。右足４：左足６の左足体重に構えます。ウェッジなどの場合はクラブが短くなるぶんスイングがダウンブローに入ります。右足３：左足７の強めの左足体重で構えるのがお薦めです。

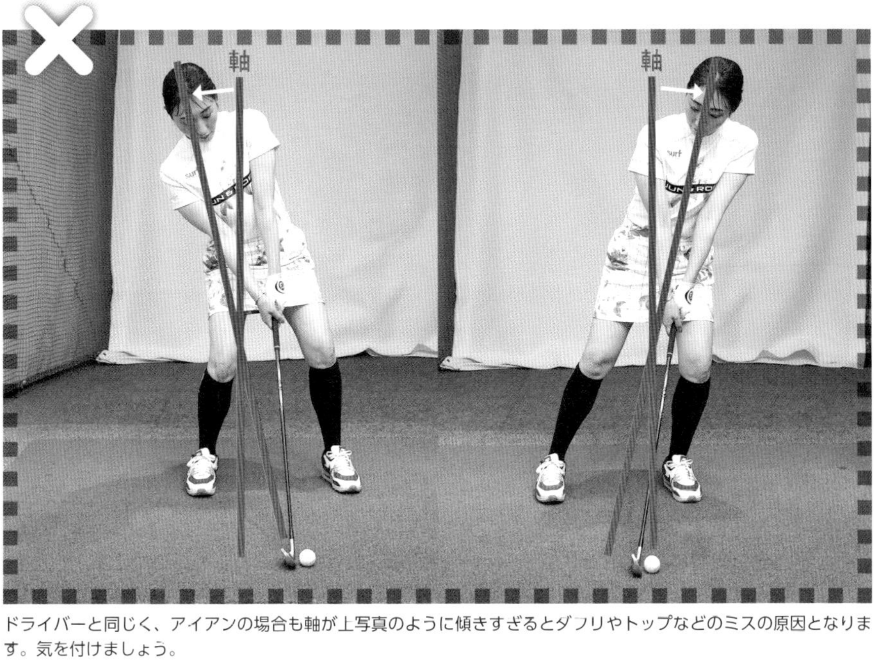

ドライバーと同じく、アイアンの場合も軸が上写真のように傾きすぎるとダフリやトップなどのミスの原因となります。気を付けましょう。

目標に対する
空間の作り方

正しいアドレスを作るルーティーン

**横向きに構えた状態で目標を見るとラインを錯覚します。
まずはボールの後ろから正しいラインを確かめましょう。**

2
1
目標に向かって
肩幅の広さの
ラインをイメージ

1 2 最初から横向きに構えた状態で目標を見ると、プロでもラインを錯覚しやすくなります。ボールの後ろに立って狙う目標を定めましょう。このとき細い直線ではなく、自分の肩幅くらいの広さのラインをイメージすると、打ちたい方向がイメージしやすくなります。

ボールの後ろに立って目標を定める

第1章ではここまで、正しいアドレスを作るための様々なセットアップの仕方を学んできました。でも実際にコースでボールを打つ場合には、アドレスに入る手順も大切になってきます。つまりその手順が、決まった一連の動作＝ルーティーンになれば、緊張する場面でも、正しいアドレスが取りやすくなります。

始まりは、すぐアドレスに入るのではなく、ボールの後ろに立って、どこを狙うのか目標を定めます。目標に正対することで、より正確にアドレスの向きが決められるのです。

詳しいルーティーンは写真で説明しますので、まずは練習場で始めてみましょう。

3
クラブを右耳まで傾ける
4
ボールの先に目標方向を指す葉っぱや芝などの目印を見つける

3 目標に向かって肩幅の広さのラインをイメージしながら、クラブを立ててグリップしたあと、右耳まで傾けてクラブをセットします。**4** 目標方向を指す葉っぱや芝などの目印とボールと結んだラインを、ターゲット方向まで延長してイメージします。

5
目標方向にフェイスをセットする
6
首だけ動かして目線でラインを確認する

5 目印とボールのラインに垂直になるように、フェイスをセットします。スタンスの向き、肩のラインなども目標ラインと平行にセットします。**6** 前傾角度を保ちながら、首だけ動かして目線でラインを確認し（P21 参照）、首を戻すと最終アドレスの完成です。

surf
ZENITH

第2章

「茜流・ボディーターン」を徹底的にマスターしよう

関連動画は
コチラ

身体を動かしてみよう

打つ意識が強すぎて手打ちになることが多くあります。
上半身と下半身に連動性を感じる身体の動かし方を学びましょう。

上半身と下半身の連動

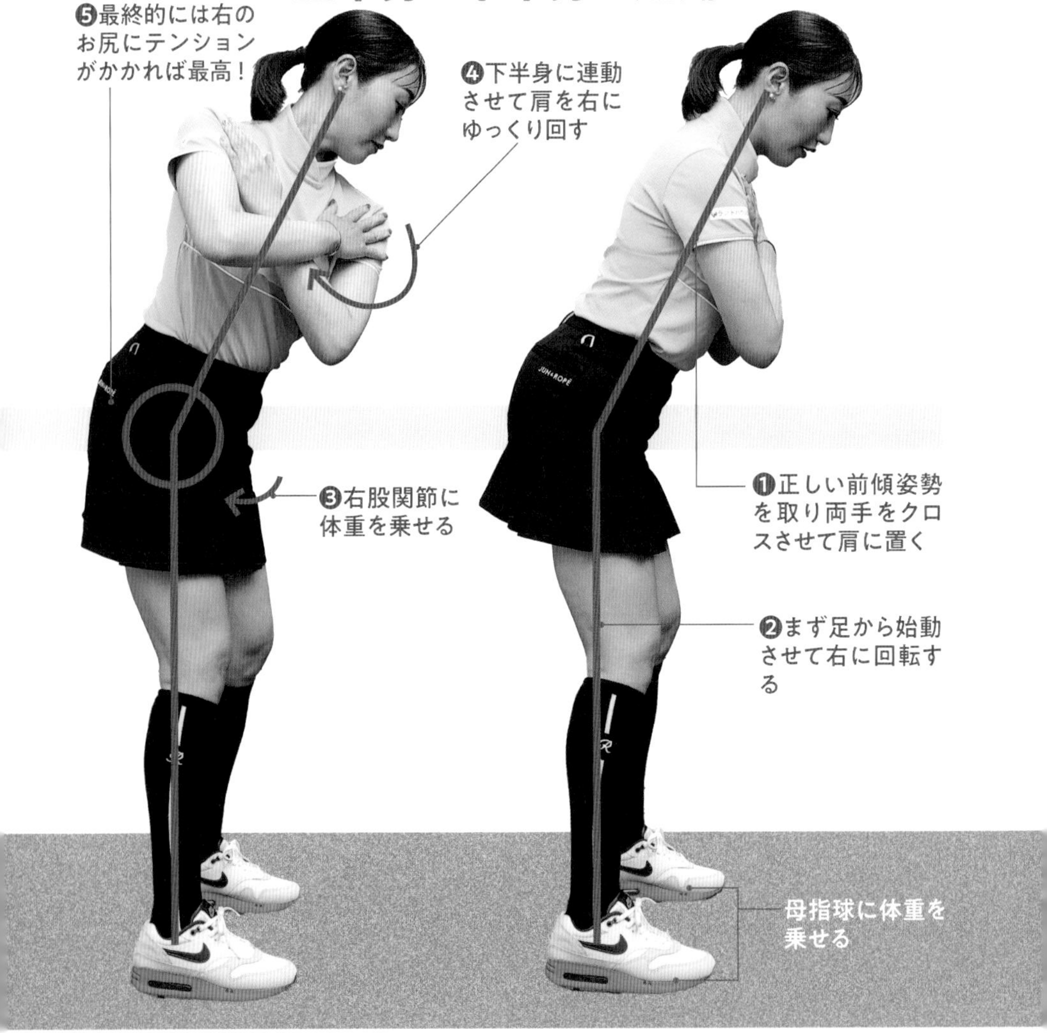
❺最終的には右のお尻にテンションがかかれば最高！
❹下半身に連動させて肩を右にゆっくり回す
❸右股関節に体重を乗せる
❶正しい前傾姿勢を取り両手をクロスさせて肩に置く
❷まず足から始動させて右に回転する
母指球に体重を乗せる

前傾姿勢の角度を保ち顔、右股関節から右お尻体重をゆっくり乗せながら、肩を連動させ右に回転させます。

上半身と下半身の連動を学びましょう。正しい前傾姿勢をとり、両手をクロスさせて肩に手を置きます。

身体の正しい動かし方を学ぼう

第1章では皆さんに正しいアドレスをとることの重要性について学んでいただきました。

でも実際に正しいアドレスをとっても、いざボールを目の前にして打つとなると、どうしてもボールを打つことに意識がいってしまいます。すると、上半身だけを使っての手打ちになってしまうことが多いのです。

すると身体とクラブに連動性が生まれませんので、飛距離も出ません。クラブ軌道も定まらないのでボールも左右に飛び出していってしまうのです。

そこで、上半身と下半身の連動性が生まれるような正しい身体の動かし方＝ボディーターンについて学んでいきましょう。

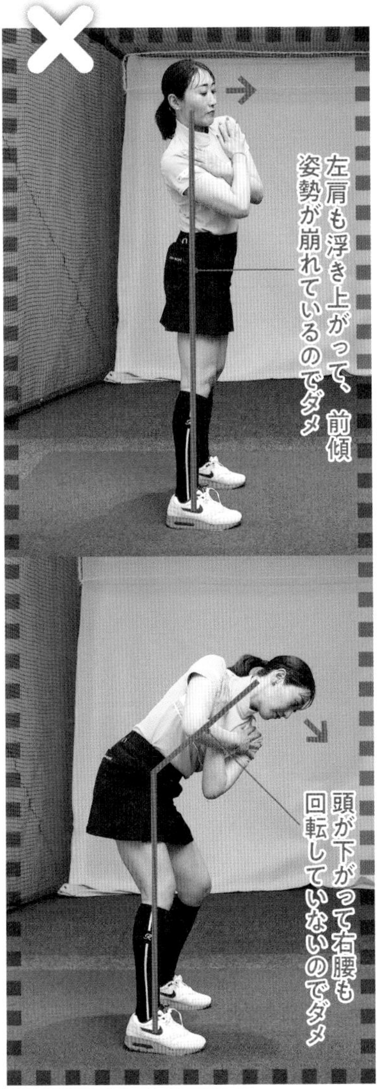
×
左肩も浮き上がって、前傾姿勢が崩れているのでダメ
頭が下がって右腰も回転していないのでダメ

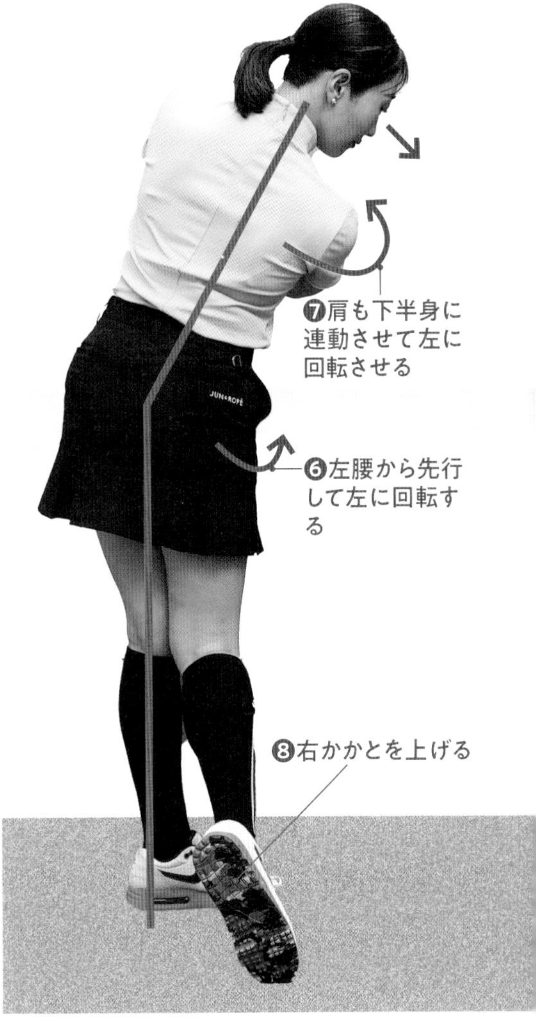
❼肩も下半身に連動させて左に回転させる
❻左腰から先行して左に回転する
❽右かかとを上げる

フォローは左腰先行で同じ動作をすると、上半身と下半身の動きが連動してくるのが分かるはずです。

関連動画は
コチラ

ZIP !ポーズをキープする

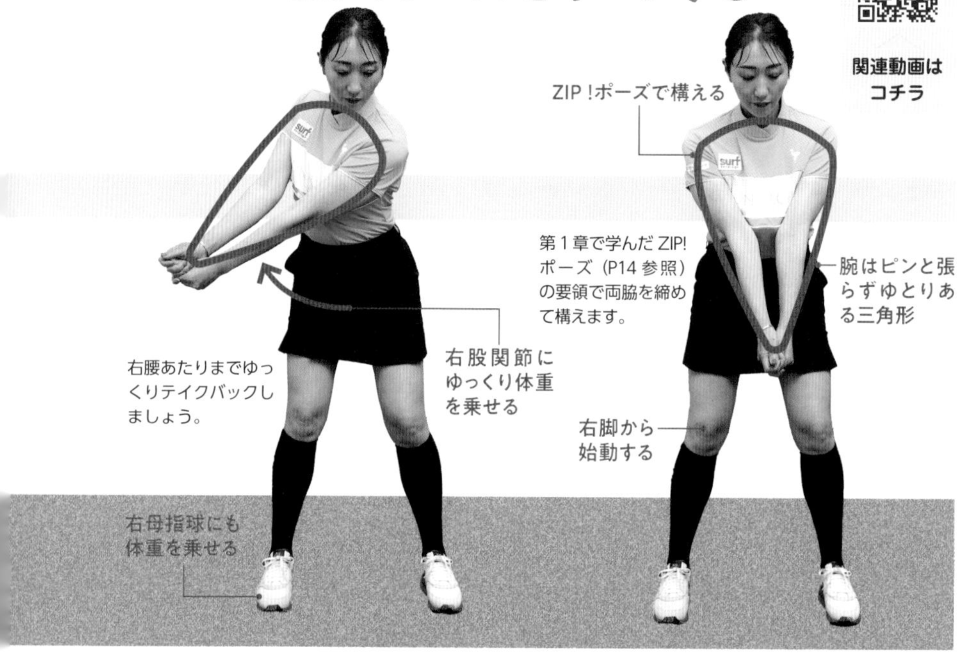
ZIP !ポーズで構える
第１章で学んだ ZIP! ポーズ（P14 参照）の要領で両脇を締めて構えます。
腕はピンと張らずゆとりある三角形
右脚から始動する
右腰あたりまでゆっくりテイクバックしましょう。
右股関節にゆっくり体重を乗せる
右母指球にも体重を乗せる

体重移動を意識する

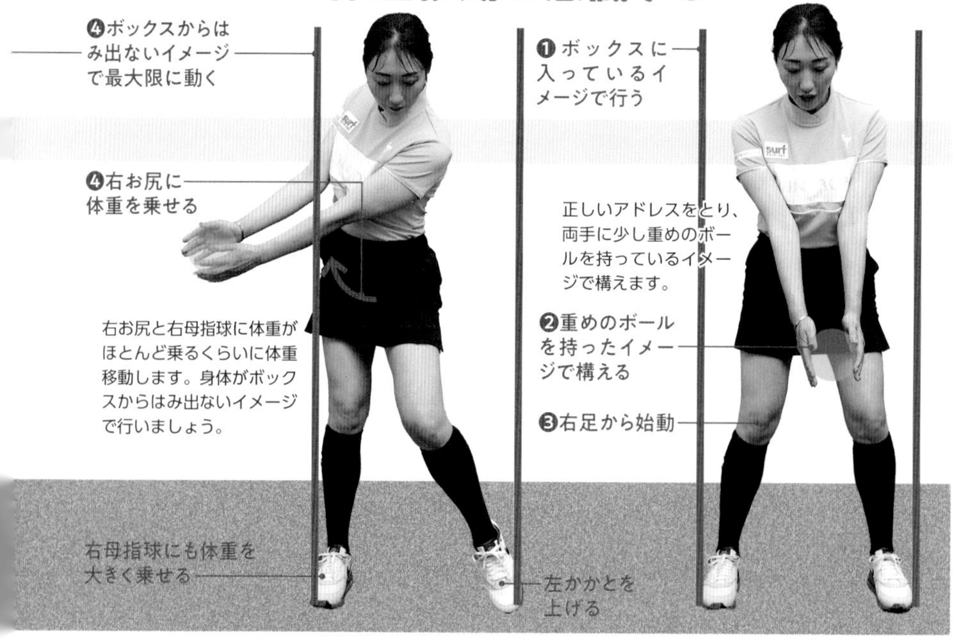
❹ボックスからはみ出ないイメージで最大限に動く
❹右お尻に体重を乗せる
右お尻と右母指球に体重がほとんど乗るくらいに体重移動します。身体がボックスからはみ出ないイメージで行いましょう。
右母指球にも体重を大きく乗せる
左かかとを上げる
❶ボックスに入っているイメージで行う
正しいアドレスをとり、両手に少し重めのボールを持っているイメージで構えます。
❷重めのボールを持ったイメージで構える
❸右足から始動

肘が
折れるとダメ

下半身を使わず、1 腕だけでテイクバックしたり、2 フォロースルーしようとすると、上の写真のように肘が折れてしまうので、気を付けましょう。

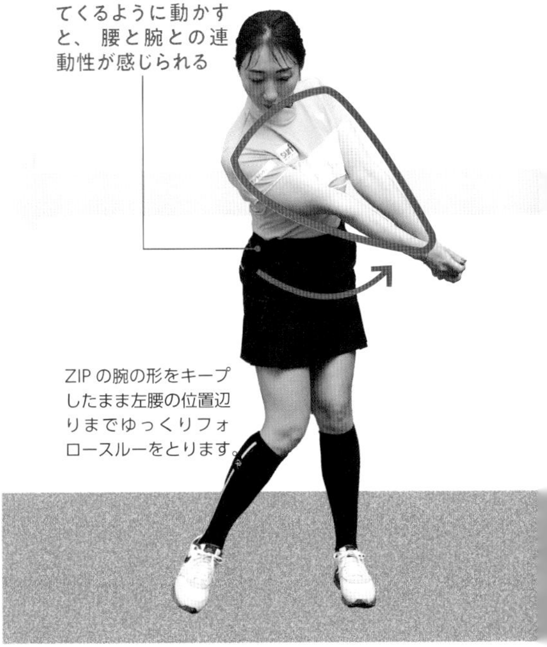
左腰の回転によって
ZIP の腕の形がつい
てくるように動かす
と、腰と腕との連
動性が感じられる
ZIP の腕の形をキープ
したまま左腰の位置辺
りまでゆっくりフォ
ロースルーをとります。

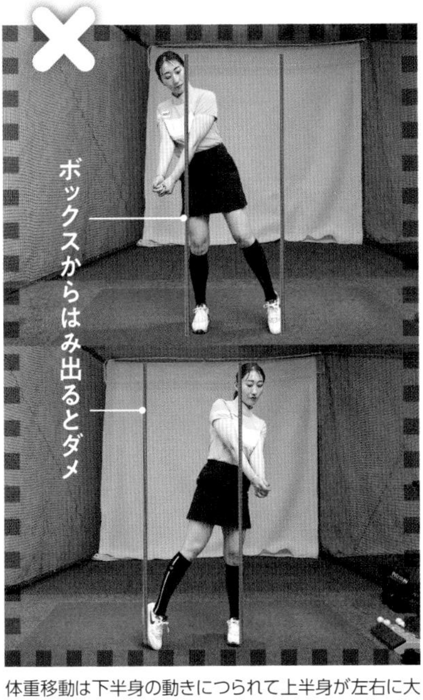
ボックスからはみ出るとダメ

体重移動は下半身の動きにつられて上半身が左右に大きく動きやすくなります。上半身がボックスから出ないように注意しましょう。

上半身は下半身に付いてくる
イメージでゆっくり動かす
フォロースルーでは左腰を回
転させながら、左足に体重を
乗せます。上半身は下半身に
ついてくるイメージで動かす
とスウェーせず、最大限の体
重移動が意識できます。
❺左腰が回
転しながら
左に体重を
乗せる

下半身始動

関連動画は
コチラ

手上げにならないテイクバック

テイクバックでは、下半身始動でクラブを 30cm 平行に引く動きを学べば
それ以降クラブを正しい方向に動かしやすくなります。

最初は下半身から始動します

ポイント
クラブは手で
上げるのではなく、
先に下半身を使いましょう。

クラブヘッドを手で押さえて動かないようにします（手の代わりにボールが入った籠など重いものでもいい）。そこから 30cm クラブを動かそうとすると、手は動かないので右足に力が入るのが分かります。テイクバックでは、この足の力を先に使ってクラブを 30cm 平行に引く感覚を養いましょう。下半身始動の正しいテイクバックになります。

下半身を先に使ってクラブを動かす

テイクバックでまず大切なことは始動です。前項ではクラブを持たないで、下半身から体を動かして上半身と連動させる身体の動かし方を説明しましたが、次は実際にクラブを持って身体を動かしてみましょう。

クラブ軌道を正しく導くために最初の30㎝は足の力を使ってクラブを平行に動かします。手だけで動かそうとすると、手が先に動いてしまい間違ったクラブ軌道になりやすいのです。下半身を先に使ってクラブを30㎝平行に引く動きを学んでください。するとそれ以降、クラブを正しい方向に動かしやすくなり、足でタイミングもとりやすくなります。

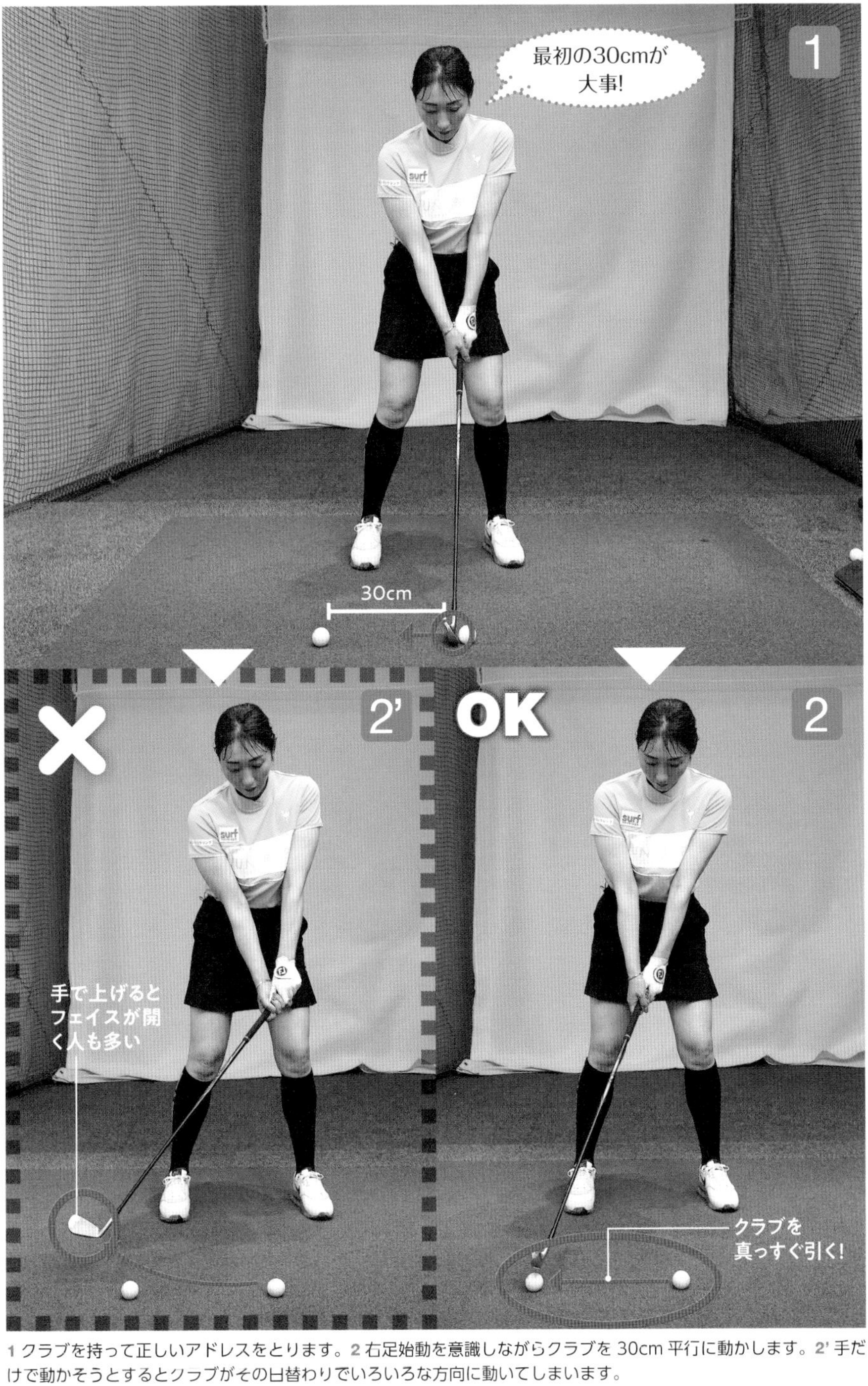
最初の30cmが大事!
1
30cm
2'
OK
2
手で上げるとフェイスが開く人も多い
クラブを真っすぐ引く!

1 クラブを持って正しいアドレスをとります。2 右足始動を意識しながらクラブを 30cm 平行に動かします。2' 手だけで動かそうとするとクラブがその日替わりでいろいろな方向に動いてしまいます。

フェイスの向きを意識しましょう

関連動画は
コチラ
正しい前傾姿勢で構える

グリップエンドをおへそに向けたままテ
イクバックすると、正しいフェイスの向
きが分かる。実際にグリップエンドを
おへそにくっつけて確認するのもOK

テイクバックで、下半身始動でクラブを 30cm 平行に引くとき、クラブフェイスの向きが正しいか確認しましょう。

手でクラブをインサイドに引く

テイクバックのとき、クラブをインサイドに引きすぎると、クラブフェイスが開いて上を向きます。

手でクラブをアウトサイドに上げる

テイクバックのとき、手で上げて右脇が開くとクラブがアウトサイドに上がり、クラブフェイスが閉じて下を向きます。

ペットボトルを使ったテイクバックドリル

関連動画は
コチラ
1
キャップを下向きにして右手でペットボトルを持って構える

2
正しいトップの形だと手のひらにペットボトルが自然におさまる
トップで右肘が真下を向くと自然に肘が折れて正しいコックができる

ペットボトルを使って、テイクバックの正しいフェイスの向きと正しいコックの仕方を学びましょう。トップの位置で右肘が真下を向いたまま折れているとコックは完成です。右手のひらもフェイス面と同じ斜め上を向いた傾きなので水はこぼれません。

右肘が後ろに引っ張られると右腕がロールして水がこぼれる
脇が開き、右肘が上にあがると右手のひらが下を向くので水がこぼれる

テイクバックのあと、右肘が真下を向かず様々な方向に動くと水がこぼれます。

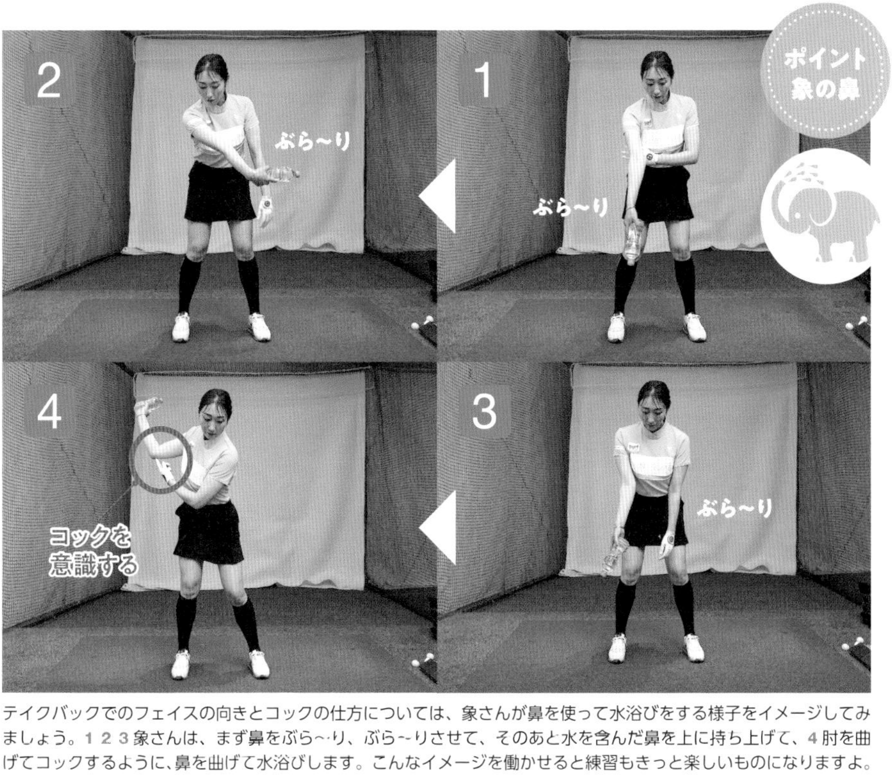
ポイント
象の鼻
1
ぶら〜り
2
ぶら〜り
3
ぶら〜り
4
コックを意識する

テイクバックでのフェイスの向きとコックの仕方については、象さんが鼻を使って水浴びをする様子をイメージしてみましょう。1 2 3 象さんは、まず鼻をぶら〜り、ぶら〜りさせて、そのあと水を含んだ鼻を上に持ち上げて、4 肘を曲げてコックするように、鼻を曲げて水浴びします。こんなイメージを働かせると練習もきっと楽しいものになりますよ。

右股関節に乗ることを感じましょう

1
関連動画は
コチラ
テイクバックは足から始動

2
右股関節に乗せながらテイクバックする。トップの位置で右お尻にテンションを感じればOK！

トップまでクラブを上げる動きでは右にしっかり体重が乗っていることが大切です。ポイントは右股関節です。最終的に右お尻の上にテンションを感じると正解です。

ポイント
体重が右にしっかり乗っていることを確認しよう 1パンツやスカートにシワが寄る 2割り箸を挟むイメージ 3股関節が食い込む感じ

バックスイングで右股関節にしっかり乗ると、パンツやスカートにシワができ、体重も右にしっかり乗っていることが確認できます。

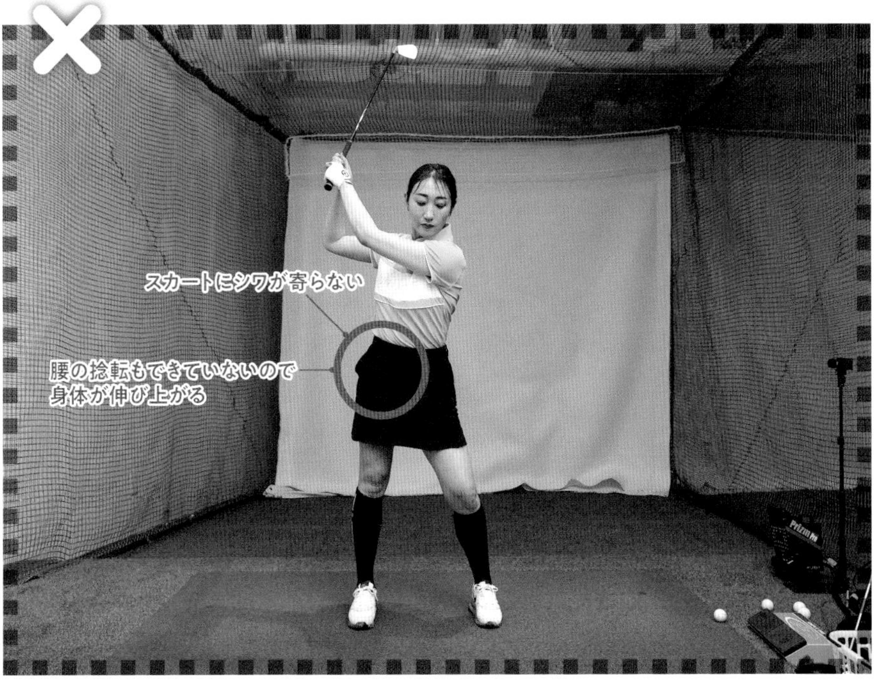
スカートにシワが寄らない
腰の捻転もできていないので身体が伸び上がる

手だけでクラブを上げるスイングだと右股関節に乗らないのでパンツやスカートにもシワが寄りません。

タイヤを動かすイメージドリル

関連動画は
コチラ

後ろ
正面
1
タイヤの上に両手を
置くイメージで構える
2
右腰を回す
両手が離れないように
真っ直ぐ右に転がす
3
左腰を回す
両手が離れないように
真っ直ぐ左に転がす

テイクバックのとき、クラブを平行に 30cm 引く動きができない人のために、自宅でできるタイヤを倒さないように転がすイメージドリルです。タイヤは両手で真っすぐ左右平行に 30cm 動かします。

1
タイヤの上に両手を
置くイメージで構える
2
手だけでインサイドに引くと
手が離れてタイヤは倒れる
3
腰が回らず手だけで
転がすと手が離れて
タイヤは倒れる

正しいインパクトの入り方

関連動画はコチラ

クラブの入り方をマスターしよう

ゴルフが上手い人やプロはどんなに変則的なスイングをしていてもインパクトに入るときの形は一流の形です。

左腰リードの回転でインパクトに入る

トップからの切り返しのときに左腰を回すことがポイントです

ユーチューブで約400万回再生の神回レッスン

ゴルフが上手な方と下手な方の圧倒的な差は、インパクトの入り方の違いにあります。上手なアマチュアやプロにもクラブを変則的に動かす方はいらっしゃいますが、皆さんインパクトに入るときの形は一流です。このテーマでユーチューブの動画を配信したのですが、なんと再生回数約４００万回という神回になりました。

何が違うのかといいますと、ダウンスイングで左腰が回転しながら、肘のコックを保ったままクラブが腰まで下りてきます。そのときクラブがつま先のラインと平行になっている形が一流の証です。今回は、インパクトに入るときの正しい形とその作り方について説明しましょう。

1
右肘が下を向きしっかり
コックされたトップを作ります

2
左腰が回転してコックを保ったまま
クラブが下に下りてくる。
その結果、右腰の位置でクラブが
足のラインと平行になります
左腰を動かす

素振りで練習を繰り返した後は、実際にボールを打ってみます。打つときには、1 2の動作を2回繰り返し、3回目に打つようにすると、インパクトに入るときの形をより明確に意識することができます。自分のスイング動画のチェックポイントとしても役立ててください。

3
正しい下半身の動きをすれば
自然と正しいインパクトになります

クラブフェイスの向きをチェックしよう

左腰の回転に連動してコックを保ったままクラブが右腰の位置まで下りてきたとき、フェイスの向きが約 45° の傾きになっていればOKです。

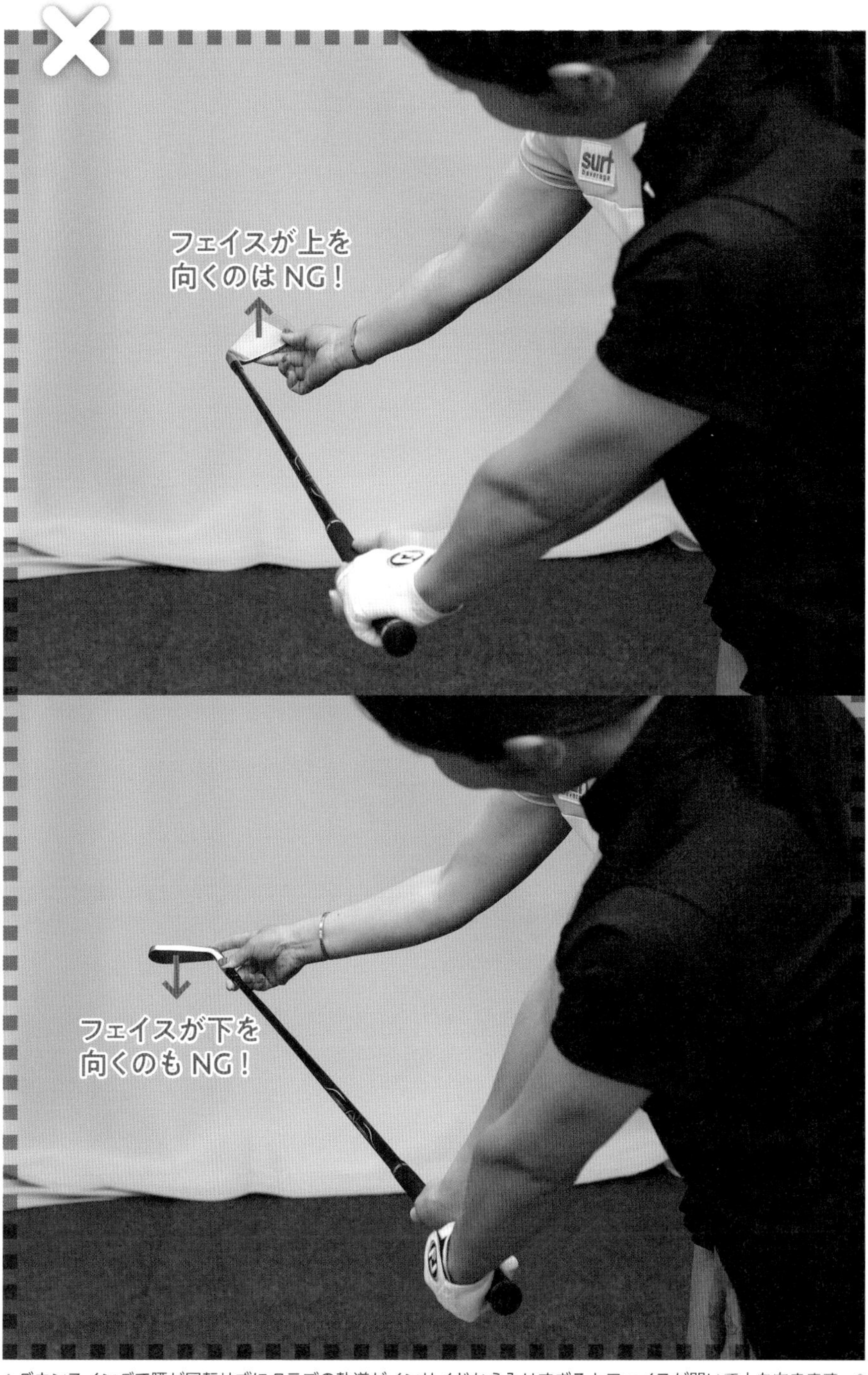
フェイスが上を
向くのは NG！
フェイスが下を
向くのも NG！

1 ダウンスイングで腰が回転せずにクラブの軌道がインサイドから入りすぎるとフェイスが開いて上を向きます。**2** ダウンスイングでクラブの軌道がアウトサイドから下りてくるとフェイスが被って下を向きます。

ダウンスイングの向きをチェックしよう

1
クラブとスティッ
クを一直線にして
持ち、脇の下に挟
んで構える

スティックを使ったダウンスイングの向きを確かめるドリルをご紹介しましょう。

関連動画は
コチラ

2
腰を回転させ、右
股関節にしっかり
乗せながらトップ
を作る

トップの位置までテイクバックします。

3
左腰を回転させて
切り返したとき、
スティックがボール方向を
指していれば OK

スティックがないときは、グリップの穴にティーを刺します。ティーの延長線がボールを指していることを確認しながら行ってください。

シャフトが寝て入ると身体が起き
上がりスティックは上を向く

空のペットボトルを使った脇締めドリル

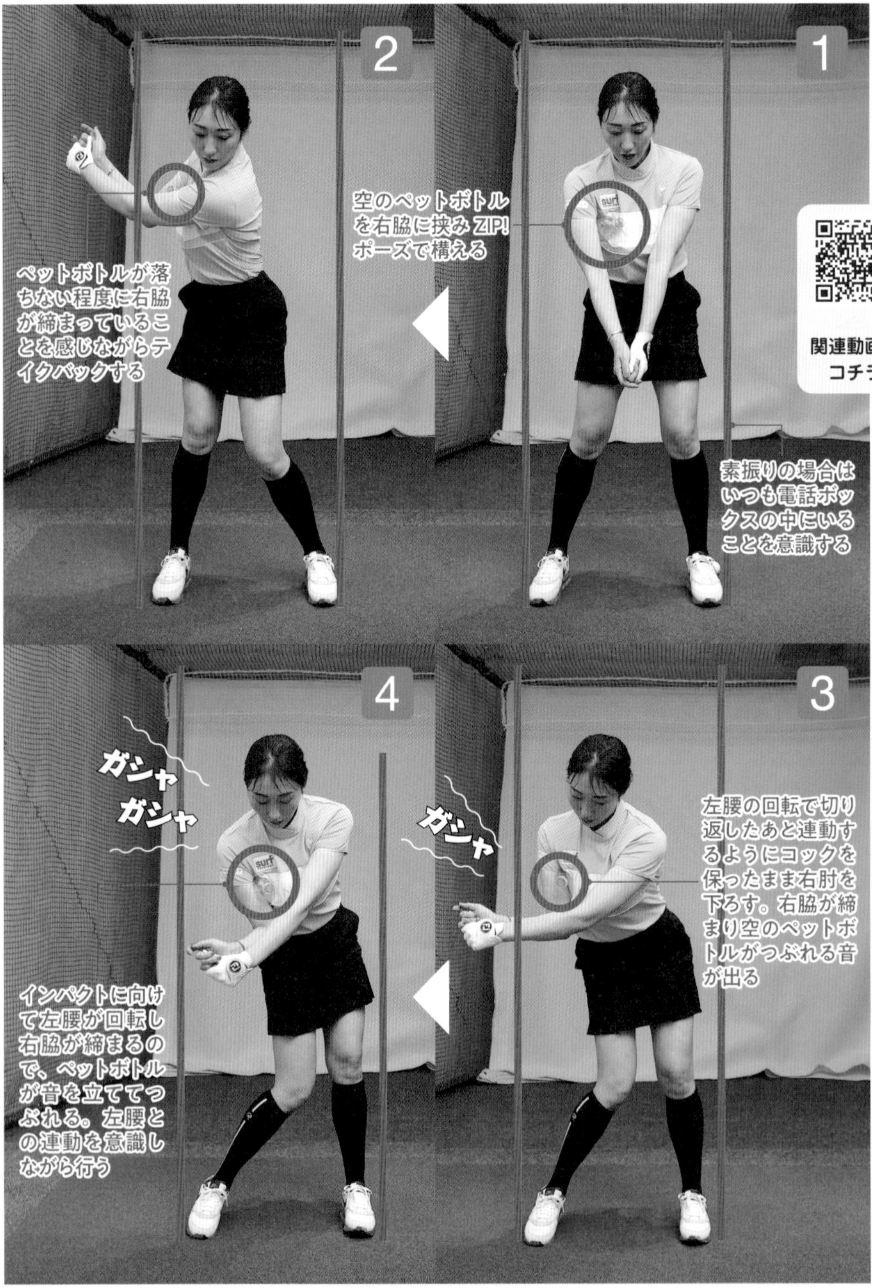
1
空のペットボトルを右脇に挟み ZIP!ポーズで構える
surf
素振りの場合はいつも電話ボックスの中にいることを意識する
2
ペットボトルが落ちない程度に右脇が締まっていることを感じながらテイクバックする
3
ガシャ
左腰の回転で切り返したあと連動するようにコックを保ったまま右肘を下ろす。右脇が締まり空のペットボトルがつぶれる音が出る
4
ガシャ
ガシャ
インパクトに向けて左腰が回転し右脇が締まるので、ペットボトルが音を立ててつぶれる。左腰との連動を意識しながら行う

関連動画はコチラ

インパクトに入るときの右脇の締まりが重要なポイントです。ここでは空のペットボトルを使って、左腰からの切り返し後の右脇の締まりをドリルで学びましょう。

3
2
1
腰が回転しないと脇が開きやすいのでペットボトルが落ちる
腰が動いていない
ポトン…

1 2 アドレスからトップの形を作ったとき、クラブを手だけで上げたり、腰の回転がないと脇が空きペットボトルが落ちてしまいます。

こぶしドリル

ポイント
3
2
1
トン!
トン!
トン!
演歌歌手のこぶしパフォーマンスをイメージすると、腰と肘が連動しやすくなり脇も自然に締まる

右脇の締め方のイメージとして私がお薦めするドリルのひとつがこぶしドリルです。演歌歌手はこぶしを使い、トン！トン！トン！とリズム感よくパフォーマンスされます。自宅などで演歌を口ずさみながら楽しんで練習してみてください。

右肘のコックの
保ち方

関連動画は
コチラ

ペットボトルを使ったダウンスイング

**ほとんどの方はインパクトの形に入る前にコックがほどけています。
このドリルで正しいコックのイメージをつかんでください。**

1
ペットボトルに水を
3分の1くらい入れ
る。ふたを下向きに
して右手で持って
アドレスする
足から始動

足から始動することを忘れずに、右脇を軽く締めてテイクバックします。

2
腰を回転させながら、
肘が真下を向くよう
にトップを作る

右肘がしっかり折れた正しいトップの形を作りましょう。そこから、ゆっくりダウンスイングに入ります。

3
左腰の回転との
連動性が
保てていれば肘は
真下に落ちるので、
速く動いてもバシャバシャ
水音はしません

インパクトまでコックを保つ意識を持つことで自然とタメができ、飛距離も出てスイングが安定します。自宅でも手軽にできるドリルですので試してみてください。

②コックがほどけると大きな水音がでる
①左腰を回転していない
バシャバシャ!

関連動画は
コチラ

ダウンスイングは左腰で「し」の字を書く

**真上から見て左腰が「し」の字を書くように回転すると
ダウンスイングがスムーズになりインパクトゾーンも長くなる。**

ダウンスイングは下半身を回転させて、左腰で「し」の字を書くように回しましょう。

ダウンスイングがスムーズになる

皆さんが正しいダウンスイングを身に付けるうえで、私がもうひとつ伝えたいことは左手と左腰の動かし方です。

例えば右肩の上にぶら下がった**チューブ**を、左手で左腰の方にたわまないように、ゆっくり引っ張ることをイメージしてみてください。すると、引っ張る力を出すためには左腰を回転させる動きが必要になってくることに気づかれませんか？

ダウンスイングも同じです。左腰が回転して後方に抜ける、いわば左腰で「し」の字を書く動きをすることで左手がトップから身体に巻き付くように下りてきます。この動きをイメージするとスイングがスムーズになるはずです。

ポイント
チューブ
インパクト直後の手元は目標方向に向かう
左腰は真上から見た「し」の字の曲がり方のように後方に回転する

左腰を「し」の字に回転させることで、フォローも真っすぐ出てインパクトゾーンも長くなります。自分のスイング動画と比べながら練習してみてください。

フォロースルーの
とり方

関連動画は
コチラ

上手い人ほど大きい

ゴルフが上手な方は皆さん大きいフォロースルーをとっています。
するとスイング効率がよくなりスイングも安定し飛距離もでるのです。

フォロースルーのイメージトレーニング

前
正面
1
クラブの両端をもって
アドレス
2
右股関節と右母指球
に体重を乗せながら、
自分ができる位置ま
でテイクバック
3
右足で蹴りながら左腰
を回転させることでイン
パクトの長い大きいフォ
ロースルーにつながる

フォロースルーが上手くできないためにスイング効率が悪くなっているアマチュアの皆さんは少なくありません。フォロースルーを大きくとることをこのドリルで学んでください。クラブを持つことで正しく捻転したときの苦しさも感じ取れるはずです。

前
正面
1
2
手上げの
バックスイングだと
右肘が曲がります
3
インパクトが詰まって
右足も蹴れていません

手だけで上げるバックスイングになっていたり、腰の回転ができていないと肘が曲がったり身体が詰まったりします。身体の使い方を覚えましょう。

ヘッドカバーを落とさないように
腕は上がりますか？
ポイント
右脇にヘッドカバーを挟む
脇を強く締めすぎないように注意してください

次は右脇にヘッドカバーを挟んで、落とさないようにスイングしてみましょう。腕を上げようとしても腰を回し身体を捻らないと上がりません。上体を使わずに足を使うことで、大きいフォロースルーがとれるようになるドリルです。

クラブを真っすぐ
出す方法

関連動画は
コチラ

正しいスイングの確認練習

**クラブを真っすぐ引いて真っすぐ出せるスイングは習得できましたか？
このドリルで、ここまでの学習成果を試してみましょう。**

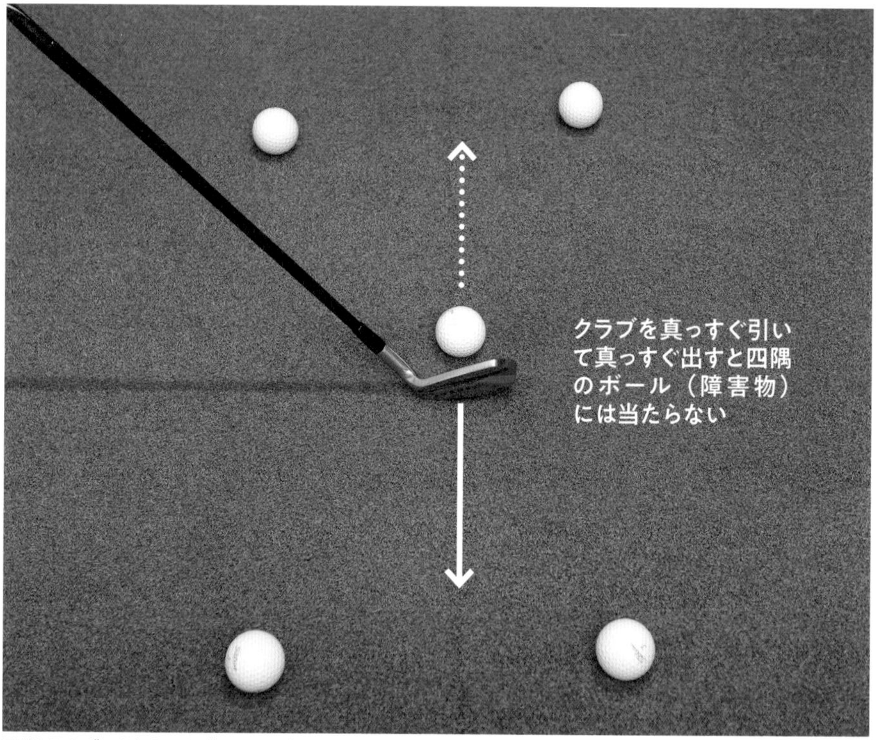
クラブを真っすぐ引いて真っすぐ出すと四隅のボール（障害物）には当たらない

アドレスのボールからそれぞれ 30cm 離れたテイクバックの方向と、フォロースルーの方向 4 か所にボールをセットします。ボールの幅は狭めるほど難しくなります。このボールに当たらないようにテイクバック、フォロースルーができているのか、ゆっくりスイングしながら自分のインパクトゾーンでのクラブ軌道を確かめてみましょう。

4か所にボールを置いて クラブ軌道を確かめる

長いインパクトゾーンを作るためには、クラブを真っすぐ引いて真っすぐ出すことが大切です。これまで構え方や、クラブと身体の動かし方について学んできましたので、その成果をこのドリルで試してみましょう。ボールの周り４か所にボール（障害物）を置いて、当てないようにスイングするドリルです。

実際にスイングをする場合には軽いダミーボールなどを使うと安心です。

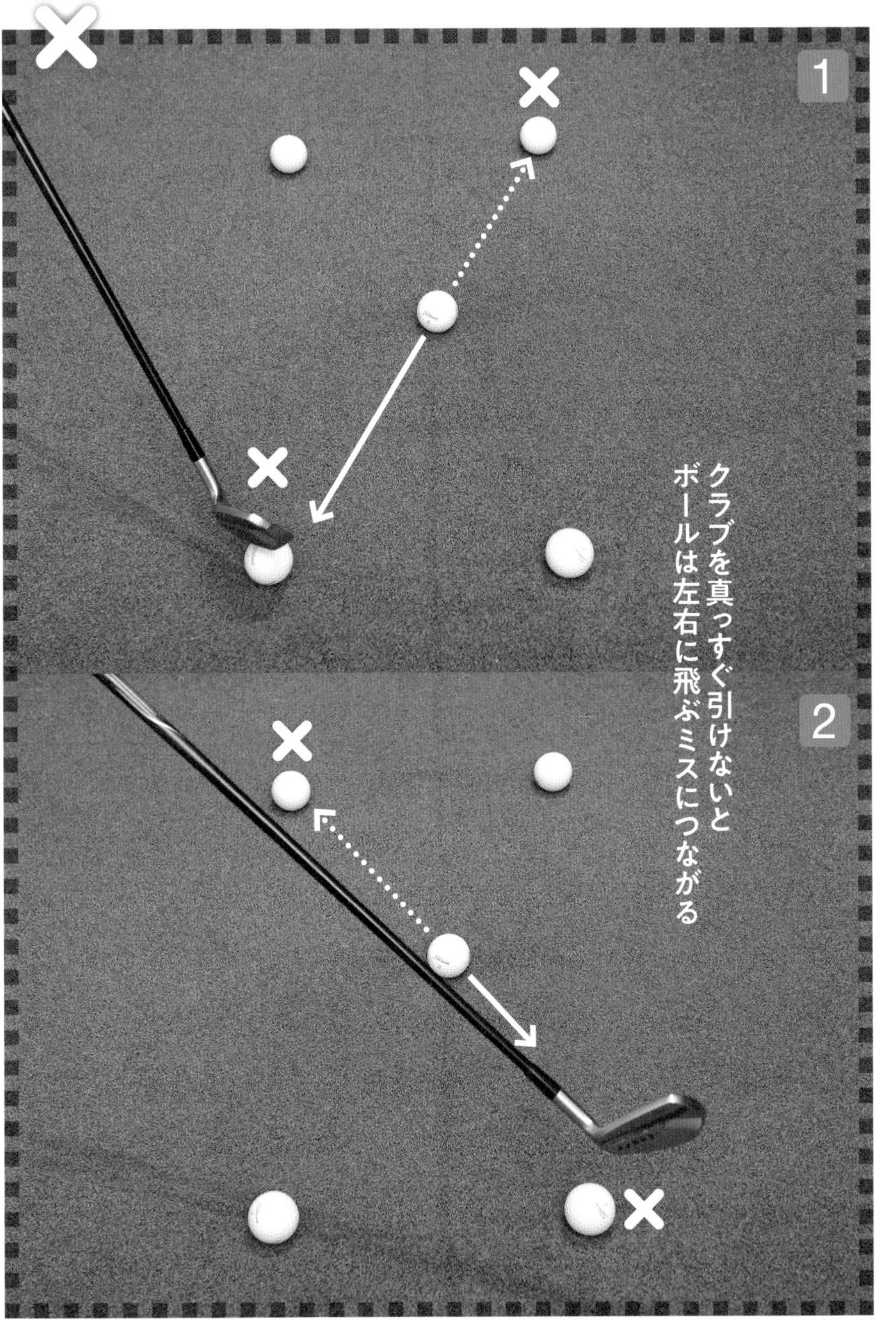
1
クラブを真っすぐ引けないと
ボールは左右に飛ぶミスにつながる
2

1 テイクバックをインサイドに引きすぎるとクラブヘッドが手前のボールに当たります。ダウンスイングで身体が起き上がるとプッシュアウトしてボールは右のボールに向かい、ヘッドが返ると左のボールに向かいます。**2** テイクバックをアウトサイドに上げすぎると外側のボールに当たります。ダウンスイングでクラブが外から被って下りてくるとアウトサイドインの軌道になり、フェイスが閉じると左のボールに向かい、フェイスが開くと右のボールに向かいます。

ZENITH

第3章

ドライバーで「茜流・最大級の飛ばし」を目指そう

関連動画は
コチラ

飛距離がアップする素振りとドリル

**上体の強さだけで振っているアマチュアの皆さん。
下半身力＝反力も使ってヘッドスピードに合った飛距離アップを目指しましょう。**

身体の使い方と反力

1
高いところに
目標をセット
2
しゃがむことで
股関節に力が
たまり足を使う
準備ができる
3
しゃがんだあと足で地面を蹴って下
半身の力＝反力を使ってジャンプ

垂直に高く飛ぶには下半身の力が必要です。しゃがんだとき股関節に力がたまることに気づきましょう。この下半身の力＝反力です。

飛距離は股関節を意識した反力を使う

私はヘッドスピードが39～41m／sで、平均飛距離が230～240ヤードです。ヘッドスピード40m／sの理想的な飛距離も235ヤードほどなので、ほぼ一致しています。

また、一般的なアマチュア男性の平均的なヘッドスピードも40m／sくらいといわれていますが、平均飛距離は200ヤード前後に落ちてしまいます。その理由は、男性は上体の強さだけで振り、下半身が使えていないのでスイング軌道が不安定になりボールに力が伝わらず、腕がロールすることなどでミート率も落ちるからです。飛距離アップを目指すには、下半身の力＝反力の使い方＝タイミングを意識することが大事です。

地面反力を意識した素振りドリル

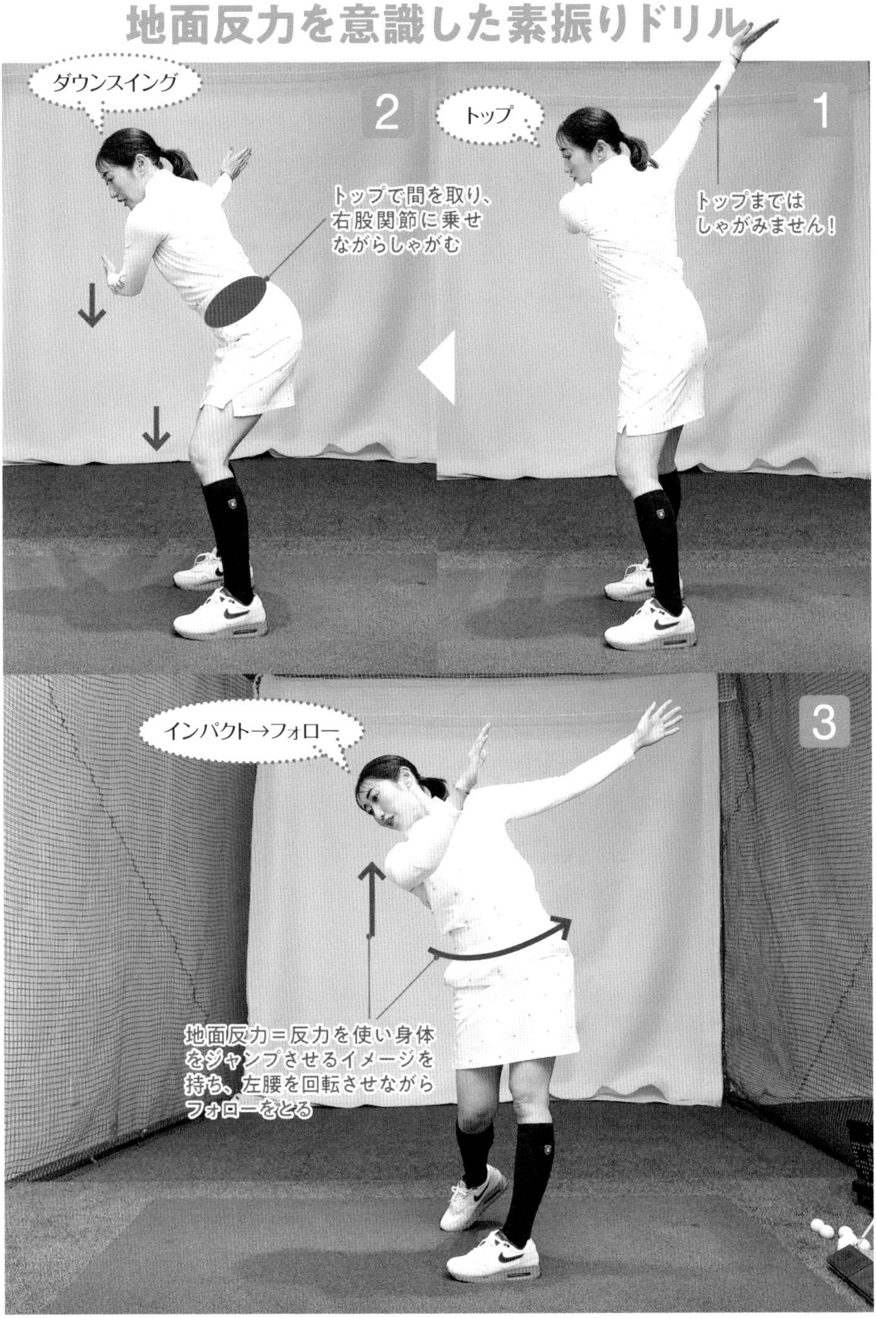
1
トップ
トップまでは
しゃがみません！
2
ダウンスイング
トップで間を取り、
右股関節に乗せ
ながらしゃがむ
3
インパクト→フォロー
地面反力＝反力を使い身体
をジャンプさせるイメージを
持ち、左腰を回転させながら
フォローをとる

ゴルフのスイングはクラブを振ることと思っている人は多いはずです。でもただ振るだけでは飛びません。飛ばすためには、右股関節に力をためながらしゃがむ。足で地面を蹴って下半身にたまった力＝反力を爆発させながら腰を回転させる！　そのことをこのドリルで学びましょう。

反力を使った「ウッ!」「パン!」ドリル

1
構える
2
足から始動のテイクバック
3
右股関節に乗せる

関連動画はコチラ

身体を沈ませる動作を繰り返すことで右股関節にしっかり体重を乗せること、そのあと反力を使ってジャンプするイメージで回転することを学ぶドリルです。

5
ウッ!
ウッ！のしゃがむタイミングで右股間節に力をためる
4
パン!
パン！のリズムで、左腰を回転させると同時に地面を蹴る反力を使って身体を伸ばしフィニッシュをとる

「ウッ！」の右股関節に力をためるタイミングがつかめない人は、トップからの動作を２回（ウッ！ウッ！パン！）繰り返してタイミングをつかんでから、リズムを取りましょう。

1
捻転のないトップから股
関節を意識せずただお
尻を落としてしゃがむだ
けでは力がたまらない

2
身体が上に伸び上がり手
元が落ちる上下運動だけ
の NG スイングになる

関連動画は
コチラ

クラブで円を描く

トップからインパクトまでは、
手ではなく腰始動でクラブを
回しましょう
3
2
1

ヘッドスピードを上げるための軌道もよくなる素振り練習です。黒板に右手でまるい円を描くイメージを持ちます。1 クラブを持って正面に立てて構え、2 クラブヘッドで円を描くようにトップからダウンスイング、3 フォロースルーへと動かします。

まるい円を描く感覚が
つかめるように最初は
ゆっくり回しましょう
5
4

4 フィニッシュを迎えたあとは、5 クラブヘッドが頭の上を回るように動かしまたトップの位置から同じ動作を繰り返します。左腰の回転が上手くできている方は円を描くスピードを速めてもかまいません。手だけで速く回さないように注意しましょう。

関連動画は
コチラ

捻転ドリル

**ボールを飛ばすには体を捻ってひねり戻す捻転の力が重要です。
クラブを持つと意外と分からないのでまずは身体で捻転を感じましょう。**

1
四角いボックスに入っているイメージでアドレスする
2
右股関節に乗せながら身体がボックスからはみ出ないようにして両手を右後ろの壁につける

壁を背にして手を後ろにすると軽く壁に付くくらいの位置に立ちます。四角いボックスから身体がはみ出ないように身体の中心軸を保ちながら身体を捻転させるドリルです。このとき苦しさが最大値に達する位置がご自分の捻転の限界点なので、それ以上無理することはありません。その位置が最大の捻転のトップになることを意識しましょう。

四角いボックスから身体がはみ出ると捻転が生まれません＝スウェーにつながりますので注意しましょう。

4
加速したまま両手を左後ろの壁につける
3
左腰を回転させることで両手が自然と下りてくる

軸を保って捻転したときのスピードが速いと手の位置も遠くに届くので、遠いほどパワーと柔軟性がある証拠になります。

ボールを足に挟んだ捻転ドリル

1
両ひざの間にボールを挟みアドレスする
2
ひざを前に向けたまま、最大級に捻ったトップがこれです! かなりきついです。自分と比べてみましょう
両ひざを前に向けたままボールを落とさないように捻転しながらトップまでいく

両ひざにボールを挟み、ひざを前に向けたまま上半身を捻転させるドリルです。捻転力がさらに鍛えられますので飛距離アップにつながります。

関連動画は
コチラ

4
3
ダウンスイングでは左腰を回転させながら、両ひざでボールを潰すようなイメージでインパクトを迎える
右足で地面を蹴ってかかとを上げたフィニッシュでも両ひざのボールが落ちないように締める意識を持つ

ボールを両ひざで挟んでいても、バックススイングで左ひざが右を向いたり、ダウンスイングで右ひざが左を向くと捻転は生まれません。

関連動画はコチラ

ボールを凝視しすぎると飛ばない

打つときにボールを凝視すると首や肩が固まり、力が入るのでボールは飛びません。ボールを意識せず風船などをイメージして振りましょう。

ボールを打つことを意識すると首や肩が固まり、背中が丸まって前傾姿勢が深くなり、力が入る構えになります。

ボールを凝視すると力が入るので飛ばない

練習場のようにボールを続けて何発も打つ場合と違って、コースでは1球ごとに集中して打つことになります。しかも、ドライバーでティーショットを打つ場合などは特に緊張するあまり、ボールを打つぞ、打つぞ、という意識に縛られボールを凝視してしまいがちです。すると自然に首や肩が固まり、前傾姿勢も深くなると身体が使えなくなり、思ったボールが打ちづらくミート率も下がるのでボールは飛びません。打つときには、ボールの位置に大きな風船のようなものをイメージしたり、胸に目があるイメージで構えると、ボールを凝視しがちな人には効果的です。力が抜け飛距離も伸びるはずです。

ボールを凝視しなくなるとアドレスの姿勢もよくなり、無駄な力も入りにくくなるので、クラブを思い切って振り抜くことができるようになります。

軌道とミート率

関連動画はコチラ

飛ばすためにはミート率を上げる

タイミング＝「間」の取り方を覚えると力がたまり、スイングリズムも作れるので軌道が良くなり、ミート率が上がり、球が飛ぶようになります。

1
シュー
(=トップ)
トップの位置にきたら、グリップエンドを押さえてもらう
2
ウッ!
手で押さえてもらうことで、腰が先に回転すると連動して付いて来ようとするクラブの動きを感じよう

トップの位置から、自分から手で打ちに行くとミート率が下がります。手で押さえてもらうことで、腰から始動するタイミングの取り方とリズムを学び、正しい軌道にしてミート率を上げるドリルです。

切り返しの「間」で力がたまる

ここ一番！ という場面で飛ばしたいとき、リズムとタイミングを意識してミート率を上げることが大切です。

リズムとは、チャー、シュー、メン！のようなスイングリズムのことで、タイミングとは、バックスイングからダウンスイングに切り返すときの「間」のことです。チャーが構え、シューがテイクバックのとき、「間」（ウッ）を置かずにすぐメン！とボールに向かうと下半身の力が使えないのでボールは飛びません。このドリルは、切り返しの「ウッ！」のときに強制的にグリップエンドを押さえてもらうことで下半身始動を作ります。クラブがあとからついてくる正しい軌道を学んでミート率を上げましょう。

3
手で押さえ続けてもらうことで、インパクトに向かって左腰がさらに回転しながら手元が下りてくる=しなりになることも感じよう

右写真は、上体が起き上がって体も開いています。左写真は上体が突っ込んでいます。どちらも腰の回転が使えていないので、タイミングも悪くリズムも作れていません。ミート率も低い飛ばないスイングです。

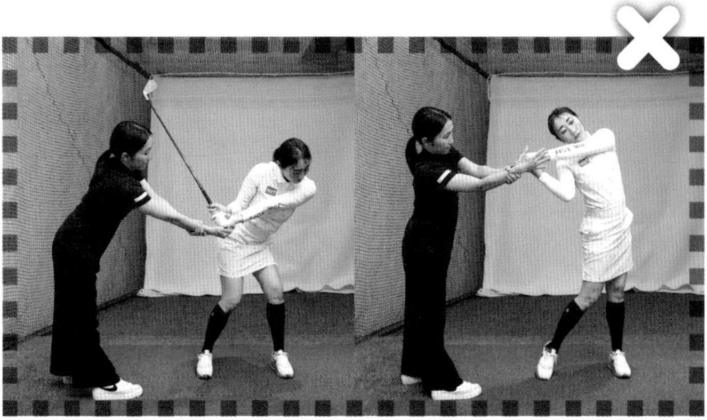

片手でインパクト再現

関連動画は
コチラ

飛距離アップのインパクト体感ドリル

前項ではダウンスイングでのリズムとタイミングについて説明しましたが、
ここではインパクトを再現した片手で行う体感ドリルをご紹介します。

手でパンと叩くイメージを習得しよう

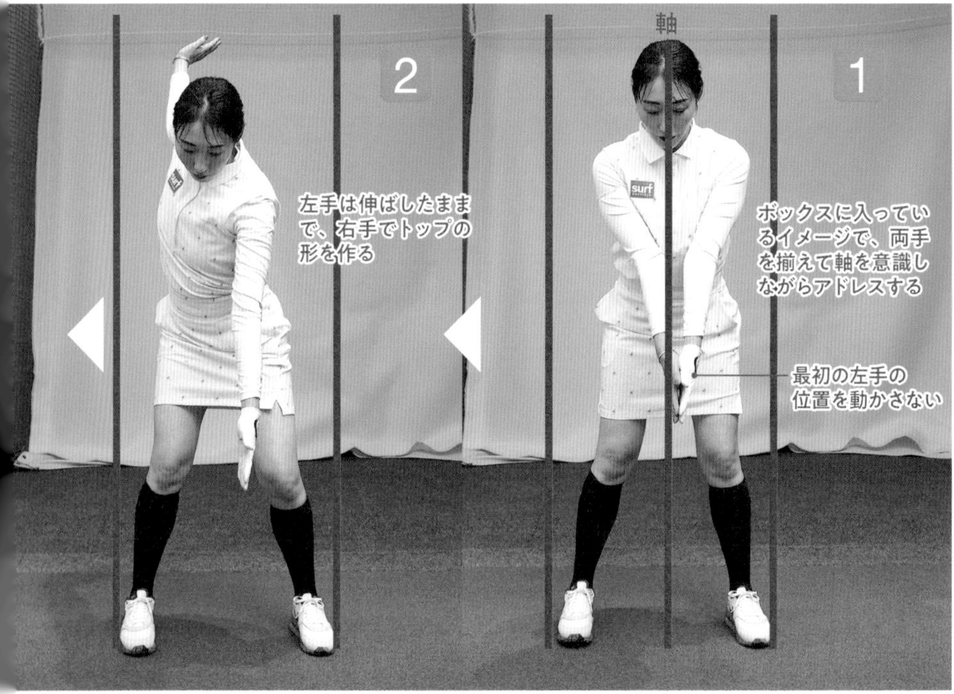

1
軸
ボックスに入っているイメージで、両手を揃えて軸を意識しながらアドレスする
最初の左手の位置を動かさない
2
左手は伸ばしたままで、右手でトップの形を作る

スイング中は軸を意識しながらボックス内からはみ出さないイメージで行います。インパクトのタイミングをつかむドリルです。

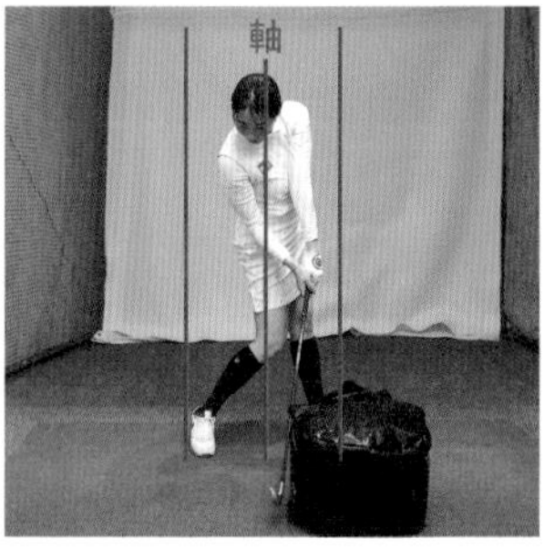

軸

インパクトマットを使ったドリル

身体の軸が保てず、傾いたり左右に動いたりするとインパクトの位置も大きくズレることになりますので気を付けましょう。

3
リズムとタイミングを意識しながら腰からの回転でダウンスイング
4
パン!
腰は回転させながら前傾姿勢と軸をキープ。インパクトをイメージして右手で「パン!」と音が出るくらいに強く叩く

左手と右手がズレないで身体の正面で叩けていれば OK です。

腰の回転を使わないで、右手の上げ下ろしだけで叩くのは NG です。

正しい腰の回転

関連動画は
コチラ

下半身を使ってヘッドを走らせる

腰が詰まると回転不足になります。
腰を正しく回転させることで飛距離をアップさせましょう。

スティックを使ったドリル

1 スティックを写真のように左側を極端に長くして差すことがポイントです。

2 左手でスティックを押さえながら右手でトップの形を作ります。

スティックを使って腰の正しい回転を覚える

クラブをしならせることができれば遠心力が働いてヘッドが走るので、ボールを遠くに飛ばすことができます。

でも、クラブをしならせるには手の力では足りません。より大きなパワーが出せる下半身の力が必要です。しかし下半身を上手く使えず、腰が詰まる方が多いように思えます。

つまり腰の回転が使えていないのです。腰の回転が正しく使えると、クラブがあとからついてきてクラブがしなりヘッドが走るようになるのです。

ここではスティックを使って腰をどのように動かすとクラブがしなるような動きになるのか、ヘッドが走るのかを説明しましょう。

3
スティックを後ろに引っ張る

左手でスティックを後ろに回すことで左腰も後ろに回転することを感じながら、ゆっくり右手があとからついてくるようにダウンスイングの動きをします。

4
スティックは持ったまま！

フォロースルーのときも左手でスティックを回しながら左腰を回転させてフィニッシュの形をとります。

左腰が正しく回らないと腰が詰まり左半身が伸び上がったり、あおり打ちのフィニッシュになります。

OK

腰の回転が分からない初心者は、スティックを自分で後ろに引っ張ると正しい腰の回転が分かります。

関連動画は
コチラ

飛距離アップのトレーニング

**飛距離アップには重たいものをゆっくり振ることが効果的です。
筋力が鍛えられるとともにスイングリズムが学べます。**

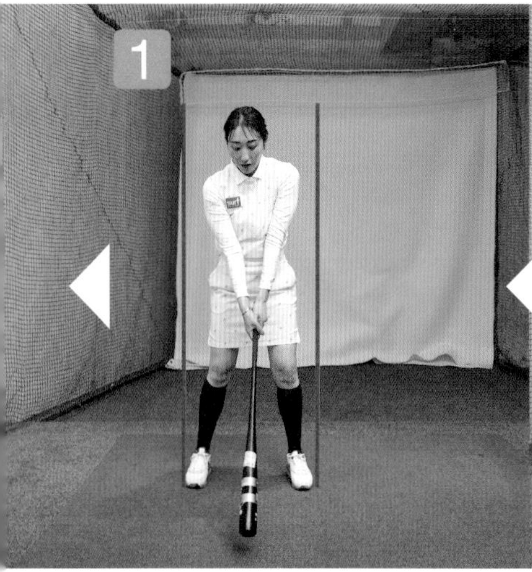

バットを持ってアドレスします。ボックス内での動きをイメージするとゴルフスイングにつながります。

ゴルフショップなどで販売されているスイングバットを使います。なければ、アイアン２本で行ってもかまいません。

下半身からの始動でバットの重みを感じましょう。

切り返しで「ウッ！」と「間」を取ります。

速く振りすぎてバットの重さで体勢が崩れたり（写真右）、下半身を使わず手だけで振るのは効果が出ませんし、身体を痛めることもありますので注意しましょう。

重たいものを振り上げるにはまず左に振って反動をつけます。

バットの重さを感じながらゆっくり振り上げます。

左ポケットが後ろに引っ張られる＝回転しているイメージで振ります。

バットの重さを感じながらフィニッシュがきちんととれるくらいのスピードで行うことが大切です。

関連動画は
コチラ

飛距離アップのストレッチ

**飛ばしに必要なものは体幹の強さ＋股関節の強さと柔軟性です。
自宅でもできる簡単なストレッチなのでぜひ行ってみてください。**

股関節を柔らかくするストレッチ

1
壁に手をつく
2
ひざを腰まで
上げる
3
外側・内側
それぞれに
回転させる
4
足を下ろし反
対の足も同じよ
うに繰り返す

股関節を動かすように意識しながらひざを内施・外施させるのがポイントです。左右の足で内旋・外旋を各 10 回ずつ行います。

股関節の強さと柔軟性を高めるストレッチ

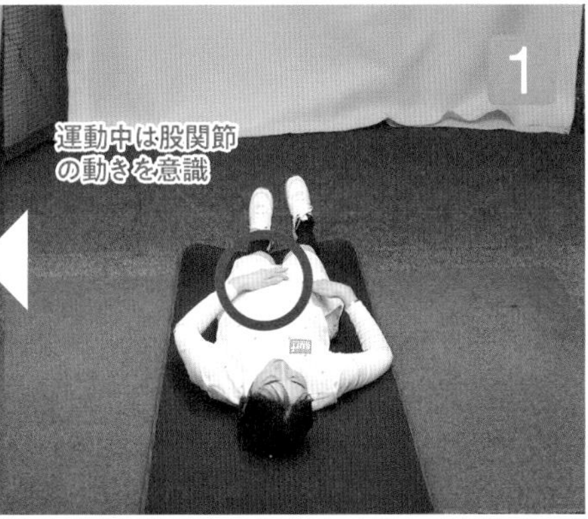

両足を揃えて仰向けに寝ます。運動中は股関節に手を当てて動いていることを確認しながら行います。

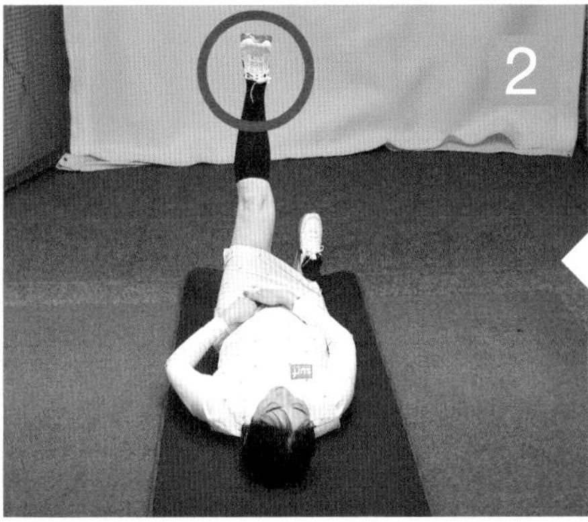

股関節に手を当て、つま先を立てるようにして足を伸ばし、真っすぐ上に 10 回上げ下げします。

次につま先を内旋させたあと足を伸ばして上に 5 回上げ下げします。

今度はつま先を外旋させ足を伸ばして上に 5 回上げ下げします。これを右足でも繰り返します。

体幹トレーニング1

肩の真下にひじをつき頭から背中まで真っすぐに伸ばしてつま先立ちの姿勢をとる、体幹を鍛えるトレーニングです。30 秒× 3 セット。

体幹トレーニング2

真っすぐ横向きになり肩の真下にひじが来るようにして腰を浮かします。サイドの筋肉が鍛えられるトレーニングですが多くの部位にも負荷がかかります。

第4章

コースでの「茜流・効果絶大ラウンドマネジメント」

関連動画は
コチラ

スタート前の効果的なストレッチ

スタート時、準備運動なしのマン振りは肉体的にもスコア的にも危険です。ティーショットの待ち時間を使って、身体を素早く整えましょう。

肩甲骨の可動域を広げるストレッチ

2
肩甲骨のところまでゆっくり下ろす
1
両腕を伸ばしてクラブを頭の上に上げる
体幹を意識する

1 スタンスを肩幅に広げ、クラブを頭の上に上げます。2 クラブをゆっくり下げ、肩甲骨のところで止めます。この運動を10回繰り返します。その時、体幹を意識するとより効果的です。肩甲骨の可動域が広がるので肩の回転がスムーズになります。

ストレッチで筋肉や関節をほぐす

プロはスタート前に入念にストレッチや準備運動、トレーニングをして、十分に筋肉や関節をほぐして試合に臨みます。ところがアマチュアの皆さんは、軽く素振りをするだけでスタートすることが多いのではありませんか？

ストレッチなしのティーショットでは、ナイスショットは望めません。プロのような入念なストレッチではなく、前の組のスタートを待つ4～5分の時間を使って、肩甲骨の可動域を広げたり、足腰回りの関節や筋肉、側筋などをほぐしましょう。あと、体重を左右の足に大きく乗せる下半身を意識した素振りも、タイミングをつかむには効果的です。

下半身のストレッチ

1
肩幅より少し広めのスタンスにして両手を伸ばしてクラブを持つ
2
太ももの裏側に張りを感じるくらいにゆっくり前屈
3
扇を描くイメージで上体を右に回す。左太ももの裏側に張りを感じる
4
左に回す。右太もも裏側に張りを感じる

前屈したあと扇を描くようにクラブを動かすことがポイントです。左右に 10 回繰り返します。太ももの裏側の筋肉をほぐすストレッチになります。

身体の両サイドのストレッチ

3
左脇筋に張り
を感じる
2
右脇筋に張り
を感じる
1

右に倒します。左側筋に張りを感じます。10回繰り返します。側筋をほぐしてくれます。

上半身をゆっくり左真横に倒します。右側筋に張りを感じればOKです。

スタンスを肩幅に広げ、両腕を伸ばして頭の上に上げます。

手だけで上げている素振り

手だけで上げている素振り
だと下半身が動かない！実
際に打つときにタイミング
が取りづらくなります

下半身を意識した素振り

OK
1
右に重心を乗せる
感じでテイクバック
2
左足を浮かし右
股関節に重心を
乗せるイメージ
でクラブを振り
上げる
3
左に重心を乗せる
感じでフォロー
4
フィニッシュは
右足の裏を見せ、
左足一本で立つ
くらいのイメージ

朝イチの素振りは足を使って全身を大きく動かしましょう。左足を浮かすことが難しければ左つま先を軽く地面につけていてもかまいません。全身のストレッチになり、足も使いやすくなります。

関連動画は
コチラ

コースでのアライメントの取り方

**コースでは遠いところに目標を設定するのではなく、
ボールの近くに目印を見つけ、そこに集中してアライメントを取りましょう。**

1
肩幅くらいの線を
イメージします

ボールの後方に立ち、目標から伸びてくる肩幅くらいの線をイメージします。

2
葉っぱや芝、
目土などの目印を
見つけます

ボールのすぐ近くの線上に、葉っぱや芝、目土などの目印を見つけます。

OBや池などを意識すると アライメントがズレる

練習場には目標を取りやすいマットなどがありますが、コースには何もありません。するとアライメントが上手く取れないということが、アマチュアの場合はよく起きます。

練習場でアライメントスティックを使って学んでいても、コースでOBゾーンや池を目にすると避けようと意識してアライメントがずれるのです。ですからコースではターゲットからボール近くで飛球線を引き、目印を見つけて、そこにフェイスを合わせることに集中してください。そのあとは、フェイスの向きをズラさず、ターゲットをしっかり確認してアドレスを調整していきましょう。

目標方向を目線で確認するとき、体を起こして首を真っすぐにして目標方向を見るとアライメントが崩れるので注意しましょう。

3
フェイス面を目印に合わせます

フェイス面を葉っぱや芝などの目印に合わせます。

4
目線で目標を再確認します

フェイスの向きをズラさないように意識しながら目線を変えずに目標方向を再確認します。

ポイント

アドレスをした後の目標方向への目線は、必ず前傾姿勢を保ち、首の角度も変えずに首だけ動かして確認する。こうすると、アライメントはズレない。

朝イチショットの
ドリル

関連動画は
コチラ

釣竿を投げるイメージドリル

スタートホールのドライバーショットは誰でも緊張するものです。
そんなとき、このイメージを学んでおくと失敗がなくなる魔法のドリルです。

1
クラブを両手で持って
身体の正面に立てて構えます。
身体の軸は保ったままクラブを
右耳まで傾けます
ここから釣竿を投げる
イメージです

2
脇を締めた状態で、
釣竿を投げるイメージで
クラブをポンと
振り下ろします

3
脇を締めると手首を使って
投げるので左手がロック
された状態になります
ロック

4
朝イチのショットは
これで完璧!
クラブが
ロールしにくくなるので
球の曲がりも
小さくてすみます

ポイント

上写真**4**では、左手の小指下の手のひら側面部にテンションがかかっていることを確認しましょう。それがスイングの支点ができたサインです。この支点を意識して振るとクラブがロールせず球も曲がりにくくなります。

関連動画は
コチラ

20ヤード以内のアプローチのコツ

**初心者の場合、グリーン周りのアプローチでの失敗が目立ちます。
まずボールを転がすことを考えて、ライの状況が合わなければボールを上げましょう。**

20ヤード以内のアプローチの基本のクラブはこの5本です。転がす方が失敗は少ないので初心者は最初に転がすアプローチを覚えましょう。転がしに使うクラブはPW、9I、8Iが基本です。転がせない場合は、ボールを上げやすい50°、58°のクラブを使います。

最初は、ボールを転がすことを覚えよう

初心者の場合、20ヤード以内のアプローチはボールを転がせて寄せる方法が一番簡単です。ボールがフェアウェイの芝にあり、ピンまでライがよく障害物もないのなら、ボールを転がしましょう。ボールを転がす場合は、小さい振り幅でボールが転がるランニングアプローチだと失敗のリスクが少なくなります。距離に応じて8Ｉ、9Ｉ、ＰＷを使い分けましょう。

また、転がすと芝の抵抗が大きい場合や傾斜で距離感がつかみにくい場合は、50°、58°でボールを上げて転がすピッチエンドランにします。このように失敗の少ない方を選択することを覚えてください。この2つの打ち方を学びましょう。

ランニングアプローチ

1
グリップエンドは左足付け根を指す
スタンスは狭くし足はボール１個分オープンに構える
ボールの位置は右つま先前
2
振り幅は小さく

3
フォローは低く!
フォローも小さく

アプローチ（ベーシック）オープンのやり方

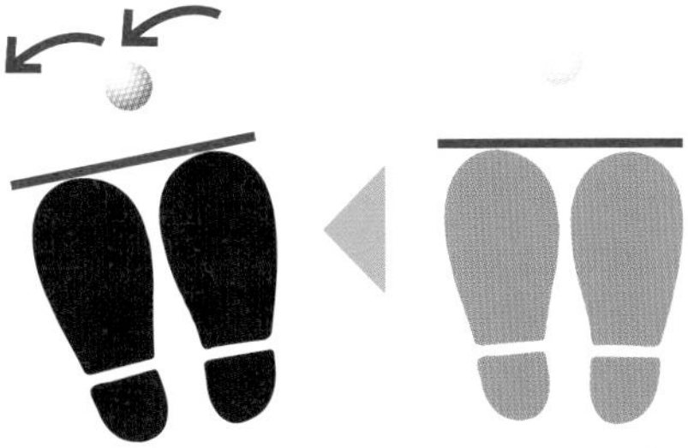

つま先はボール１個分オープンにして構えますが、フェイスはターゲット方向に向けたまま打つことがポイントです。

1
手の位置が左すぎ！
2
足が左を向きすぎ！

1 手の位置が左すぎて、球が強く出やすい。2 フェイスの向きは合っているが、足が左に向きすぎて左に飛びやすい。

ピッチエンドラン（上げて転がすアプローチ）

1
ボールは
少し左足寄りに
セットします
関連動画は
コチラ
左足7：右足3の
左足体重で構える
2
打ちたい距離に
よって振り幅は
変わります
3
スイング中は、
手は絶対緩ませません
4
フィニッシュで
クラブをしっかり
止めましょう

スイング中はずっと左足体重を維持したままにしてください。足でタイミングをとることで距離に合ったフィニッシュが作れます。

クラブがインサイド
から入る
インパクトゾーンが
短くなるのでダフリ
やトップにつながる

クラブがインサイドやアウトサイドから入るとインパクトゾーンが短くなり、ボールが上手くさばけずミスにつながります。注意しましょう。

ポイント
初心者は
フェイスは
開かないでOK！
胸を軽く
ターゲットに
向ける
つま先をボール
2個分オープン
に構える

フェイスを開く場合もありますが距離感を出すのが難しくなります。初心者はフェイスを開かなくてもOKです。

体重移動しないアプローチドリル

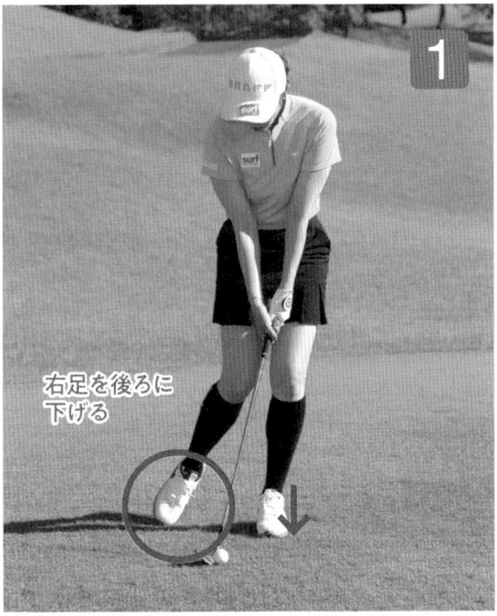
1
右足を後ろに
下げる

右足を後ろに下げ、最初から左足体重にしてボールを打つドリルです。アプローチで右に体重移動してミスをする人は、このドリルを試しましょう。

失敗するアプローチ

右への体重移動はNG!

アプローチは左から右への体重移動はしません！　体重移動するとインパクトでのミート率が下がりミスにつながります。

3
2
スイング中は左足
体重を保持

この体勢は右足に体重が乗りにくいので、左足体重のままボールを打つアプローチの感覚が養えます。スイング軌道も安定するのでミート率も上がるはずです。

バンカー

関連動画は
コチラ

これでもうバンカーは怖くない

フェアウェイバンカーでダフったり、グリーン周りのバンカーで大叩きするバンカー嫌いな初心者は必見のレッスンです。

フェアウェイバンカーの構え方

正面
スタンスの向き（ややオープン）
ボールの位置（センターよりやや左）
スイング軌動
ターゲット方向
後ろ
フェイスはターゲット方向!
ターゲット方向
スイング軌道
スタンスの向き（ややオープン）
ボールの位置（センターよりやや左）

クラブを少し短く持ち、手元の位置を少し高くして、足がグラつかない程度に砂に埋めて上写真のようにセットします。

砂を手ですくい上げようとして打つと余計にダフる

バンカーが苦手といわれる方は大勢いらっしゃいます。バンカーは一度ミスすると球を上げようとする意識が強くなり、余計に手ですくい上げようとしてしまうのです。するとインサイドからクラブが寝て入り、砂を多く取りすぎるので球は飛んでくれません。

ミスの多くの原因は構えとボールの位置にあります。ここでは、球を遠くに飛ばしたいフェアウェイバンカーと、グリーン周りのバンカーの正しい打ち方について説明します。本来は砂の上に線などは書けませんが、ボールの位置やスタンスの向き、スイング軌道をイメージするために、練習の際は線を描いて打ってみましょう。

フェアウェイバンカーの打ち方

1
フェイスは
ターゲットに向け
足はややオープンに
構えます
ターゲット方向
スイング
軌動
スタンスの向き
2
クラブをスタンスの向きと
同じ方向に上げます
3
埋めた足が
暴れない程度のトップ
(いつもよりコンパクト)
にします
4
インパクトでは
フェイスはターゲットに
開いています
5
クラブはカット
軌道になります。
腰の回転も忘れずに
6
バランスのとれた
フィニッシュにします

グリーン周りのバンカー

バンカーショットの構え方のイメージ練習

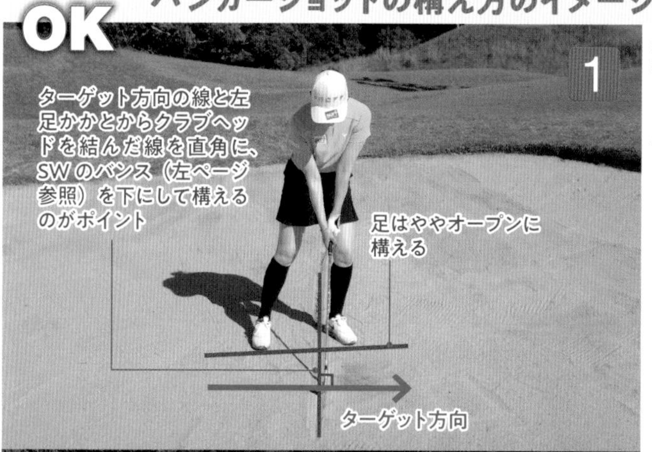
OK
1
ターゲット方向の線と左足かかとからクラブヘッドを結んだ線を直角に、SW のバンス（左ページ参照）を下にして構えるのがポイント
足はややオープンに構える
ターゲット方向

2
赤い線の引いている所をしっかりバンスで叩けるように練習する

練習バンカーでは線を引いて確認しましょう。クラブは少し短く持ち、左足 6：右足 4（7：3 の場合もあり）の左足体重に構えます。スイング中は体重移動しません。

関連動画は
コチラ

クラブの入り方が手前すぎたり先すぎたりするのは NG！

線の手前からクラブヘッドが入るとダフリ、線の左をすぎた位置を叩くのはトップになります。クラブの入り方が安定していないといろいろなミスにつながります。

サンドウェッジのソール部分を見ると、出っ張った部分があります。これがバンスといわれるもので、砂に深く潜ったり、深い芝に突き刺さったりすることを防いでくれる役割を果たします。このバンスからクラブを落とすようにして砂を爆発させると、バンカーショットが上手く打てるようになります。

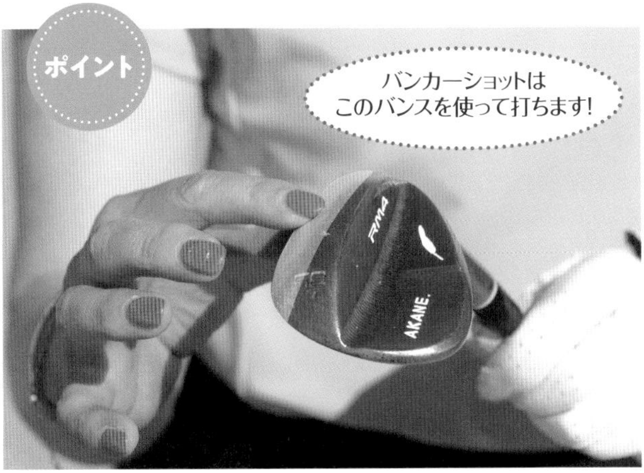
ポイント
バンカーショットは
このバンスを使って打ちます!
RMA
AKANE.

グリーン周りのバンカーの打ち方

1
バックスイングではコックをしっかり使う。左足体重のまま右への体重移動はしません
2
バンスを使って打つと砂が爆発するのがよく分かる
3
4
フォロースルーからフィニッシュにかけても左足体重を保ったままクラブを振り抜く

砂を爆発させるイメージ

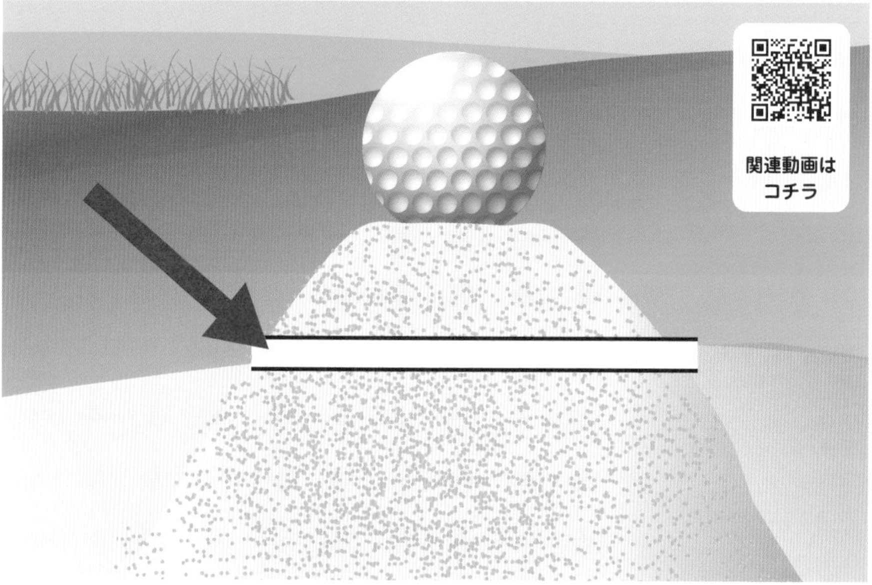

練習用に砂の小山を作り、その上にボールを置きます。この小山をパンケーキのように半分に切るイメージがバンカーショットの打ち方です。クラブの動きで説明すると、バンスが下を向いたままクラブを鋭角に打ち込む感覚だと上手に切れるのです。すくわないように注意しましょう。

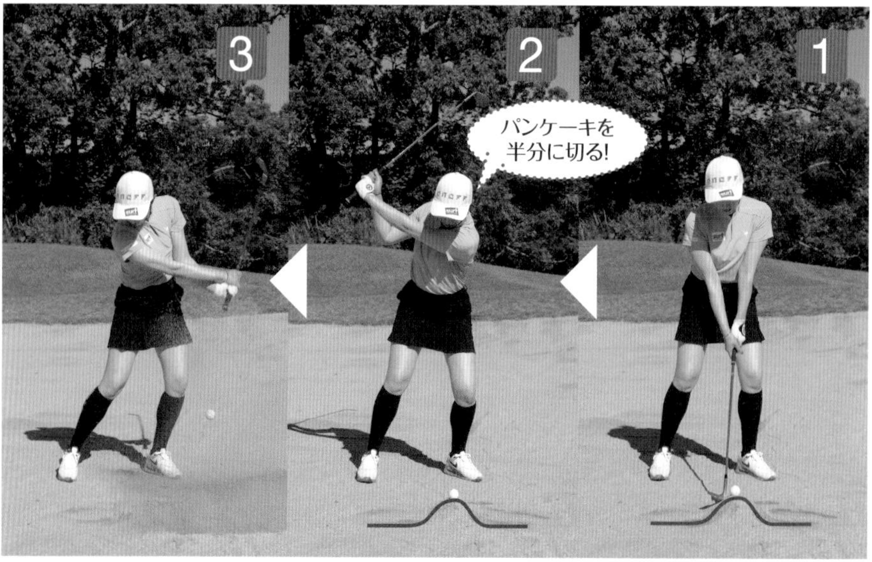

練習バンカーで小山を作り上にボールを置きます。

砂山でできたパンケーキを、バンスを使って半分に切るようなイメージを持ちます。

ボールを打っていないのに砂を打った爆発の勢いでボールが飛ぶのが分かるはずです。

目玉の打ち方

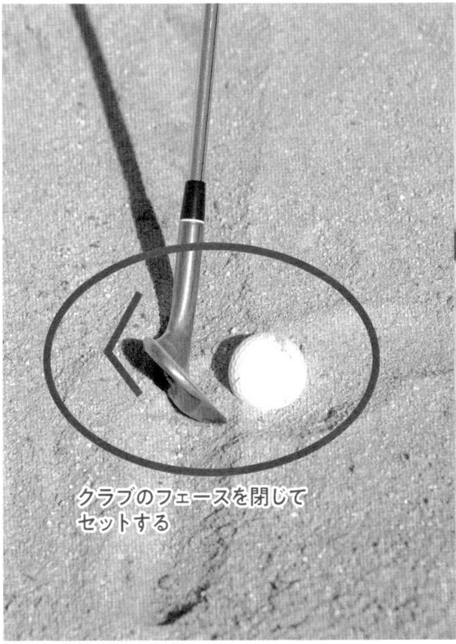
クラブのフェースを閉じて
セットする

3
7
左足7：右足3の
左足体重にしてス
イング中も保つ

ボールが砂に深く埋まった状態のことを目玉といいます。目玉の場合、クラブのフェースを閉じて鋭角に入れることで、脱出が可能になります。

3
クラブを手だけで落
とすと砂の抵抗に負
け脱出できない
2
3
7
1
3
7

クラブを腰の回転でドスンと落としたら完了です。

中央やや左にセットしたボールの手前にコックを使い鋭角にクラブを下ろします。

クラブを短く持ち、軸がブレないように足を深く埋めます。

関連動画は
コチラ

傾斜の打ち方

どんな傾斜でもスタンスはややオープン、ボールの位置は中央やや左が基本となります。あとは傾斜の度合いによって調整しましょう。

つま先上がり

目標の右を向く

ボールは左に
飛びますよ!
ピンの位置
ピンの右に向いて構え、
足だけをややオープンにする
つま先上がりの傾斜

つま先上がりからのショットは傾斜が強くなるほど左に曲がる度合いが大きくなります。その傾斜の程度に合わせて目標の右を向くか、フェイスを開いてコントロールしましょう。

フェイスを開く

大きく左にいくことを
防ぎ、ボールが引っ
掛かりにくくなる

クラブを短く持つ

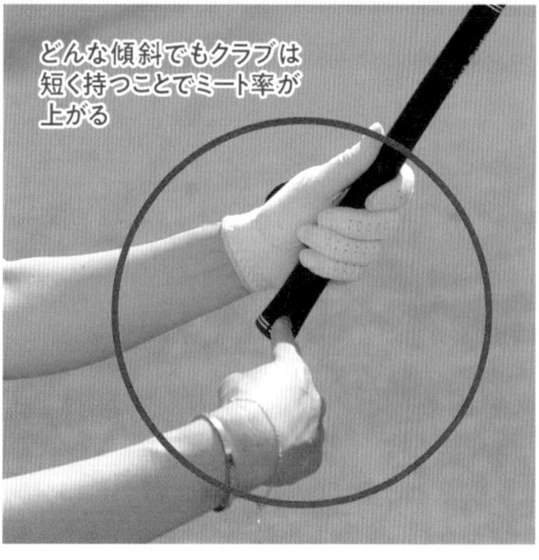
どんな傾斜でもクラブは
短く持つことでミート率が
上がる

つま先下がり

1
目標の左に向いて構え、
足をややオープンにする
ターゲット方向
つま先
下がりの傾斜
2
傾斜が強い分、
スイングもコンパクトに
します
3
クラブをカットに入れる
イメージを持つと
ミスが少なくなります
4
スタンスの
軌道に合わせて
振り抜きます

つま先下がりはスライスが出やすいので、左サイドからフェードのイメージで攻めるのがベストです。傾斜の度合いに合わせて目標の左を向いてアドレスしましょう。

1
スタンスをク
ローズにして
構える
2
クラブがイン
サイドから下
りてきやすい
3
傾斜でダフル
ミスにつなが
りやすい
ダフった!

左足上がり

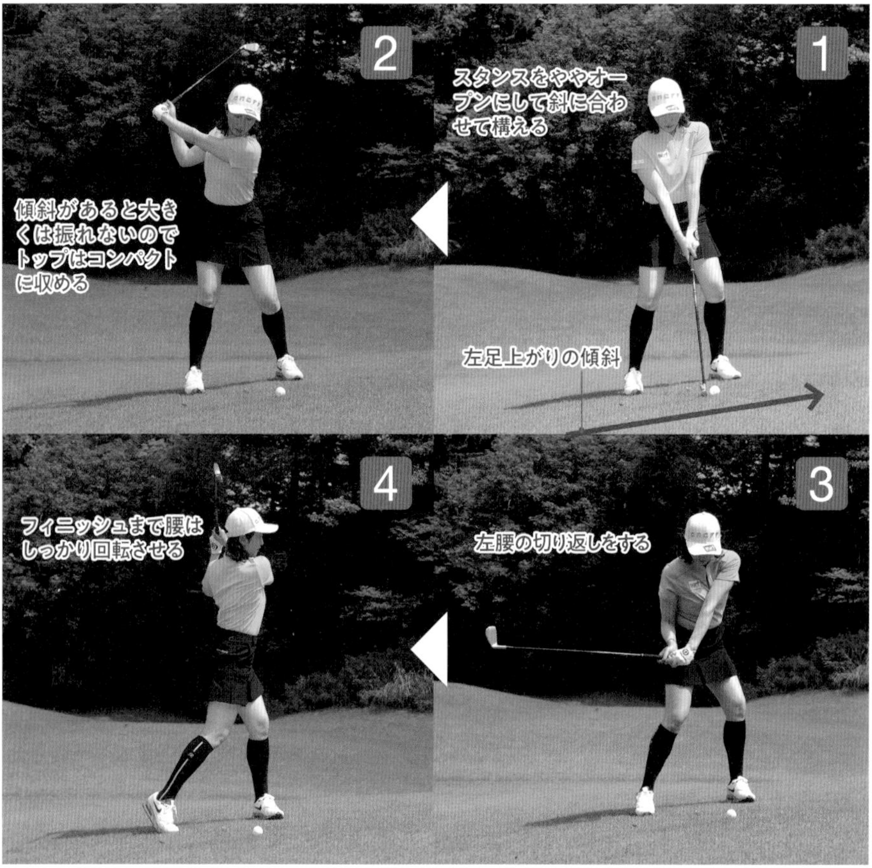
1
スタンスをややオープンにして斜に合わせて構える
左足上がりの傾斜
2
傾斜があると大きくは振れないのでトップはコンパクトに収める
3
左腰の切り返しをする
4
フィニッシュまで腰はしっかり回転させる

✕
ダウンスイングで体重が右に残ると、腰が回転できずに詰まってしまう

腰が詰まると右肩が落ちてダフリやトップのミスが出やすくなります。

ポイント
傾斜の強さによって番手を考える

クラブを短く持ち、足をオープンに構えることでクラブの抜けもよくなります。

左足下がり

1
スタンスをややオープンにして左足下がりの傾斜に合わせて構える
左足下がりの傾斜
2
軸を変えず、腰の回転でトップを作る
3
傾斜に沿ってフォロースルーは出す
4
目標を低く保ち、フィニッシュをする

クラブがインサイドから下りてくると手前の高い地面に当たるなどのミスも出ます。

目線を上げた途端ミスが出る!
ポイント
目線は絶対上げない!

左足下がりの傾斜からは、ボールを上げようとするのは厳禁！　ボールがいつもより低く出ることを頭に入れて目線を絶対上げないようにしよう。

関連動画は
コチラ

砲台グリーン完全攻略

砲台グリーンは球を上げることが必要となりますが、
初心者でもクラブ選択と構えが正しくできれば攻略は可能です。

大きいコックをしないで高さを出そう

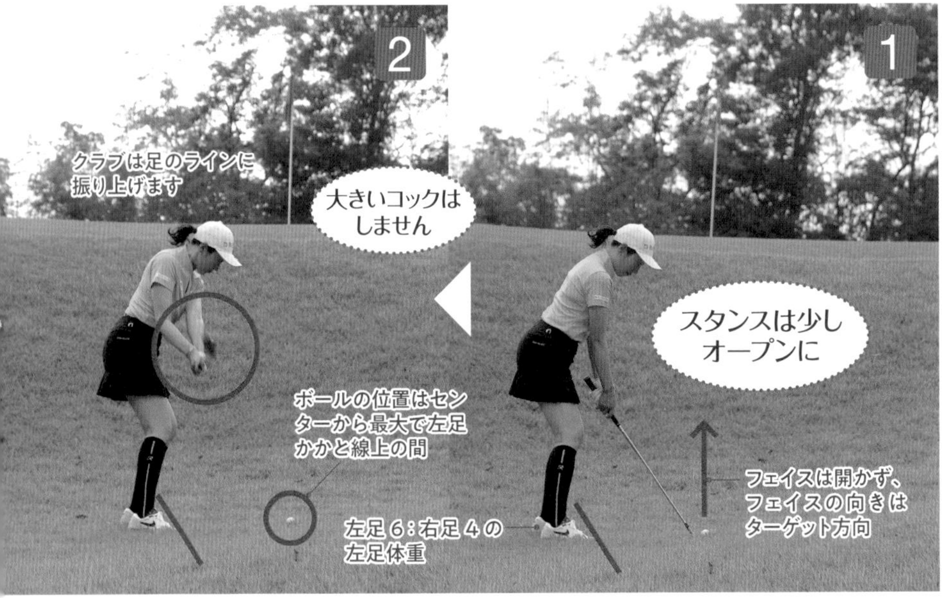
1
スタンスは少し
オープンに
フェイスは開かず、
フェイスの向きは
ターゲット方向
左足６：右足４の
左足体重
2
クラブは足のラインに
振り上げます
大きいコックは
しません
ボールの位置はセン
ターから最大で左足
かかと線上の間

1
クラブをインサイ
ドに引くのはNG!
2
ダウンスイングが窮屈にな
りフェイスがいろいろな方
向を向きミスが出る

大切なのは、ボールの位置を間違えないこと

砲台グリーンを目の前にすると、特に初心者の皆さんは「ボールを上げなくちゃ！」と意識するあまり、すくい打ちのようなかっこうになりミスをする人が目立ちます。グリーン周りでボールを上げる場合は50°や58°のウェッジを使いますので、大きなコックを使わなくてもクラブが勝手に上げてくれるということを、まず頭にしっかりと入れておいてください。

そして砲台の高さにもよりますが、大切なことはボールの位置。球を上げたい時は左、低く出したい時は右です。上げたいのに右に置いてミスをされる方をよく見かけますので注意しましょう。

3
インパクトを
緩めないで減速せず、
加速させましょう
4
フォローでも
前傾姿勢を
キープしましょう

3
上からクラブが立って
入るとフェイスが閉じ
て低い球が出る

ピンが近い場合はコックを大きく使う

1
球を上げたい時は
まずフェイスを開
いて構える

2
コックを大きく使
う＝クラブをカッ
ト軌道に上げる

3
クラブがカット軌道で
鋭角に下りてくる

4
クラブが鋭角に下
りてくることで打
ち出し角度が高く
なりボールも高く
上がる

ポイント
私はボールを左足かかと
線上において、スタンスとフェイスの
開き具合でボールの高さと距離を
コントロールする打ち方をします

ボールの位置はセンターから左足かかと線上の間。砲台が高いほど左に寄せます。フェイスは開くほど距離が出なくなるのでコントロールしづらくなります。距離感をつかむ練習をしておきましょう。

正面から見た肘のコックの使い方の違い

コックを大きく使わない

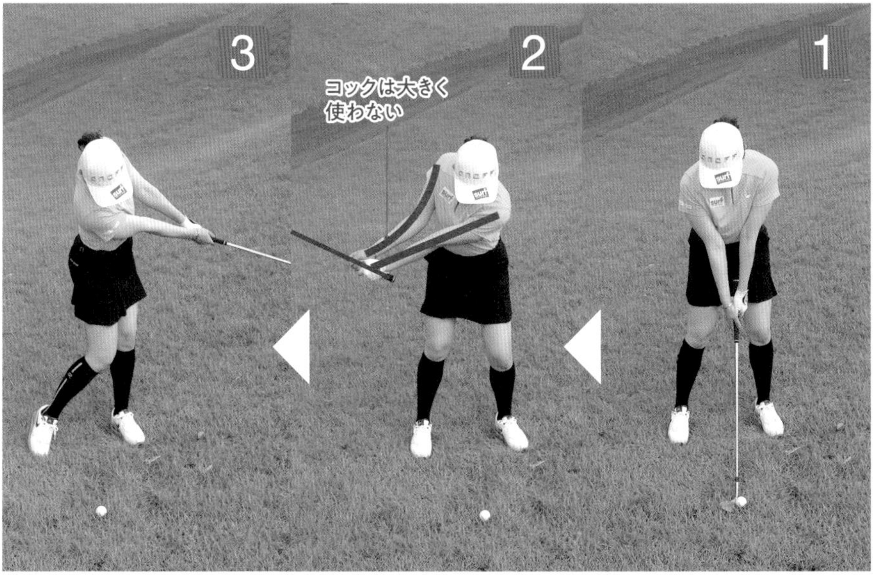

ボディーターンを意識してクラブを振ることで、コックを大きく使わなくても球を上げることができる。

コックを大きく使う

右肘と右手首の使い方を上の写真と比べてみましょう。コックを大きく使うほどクラブの角度も強くなってくるのでその分球も高く上がるのです。

関連動画は
コチラ

自分流の最強パッティングにしよう

「パットに型無し」といわれるように、パターのグリップやストロークは人それぞれ。自分に合ったパッティングを完成させましょう。

グリップの握り方

合掌グリップ

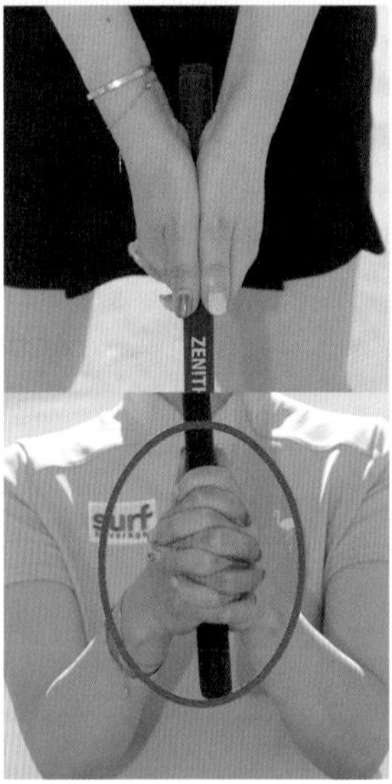

両手のテンションが変わらずパンチが入りづらいグリップです。私が一番勝ったグリップでもあります。

クロスハンドグリップ

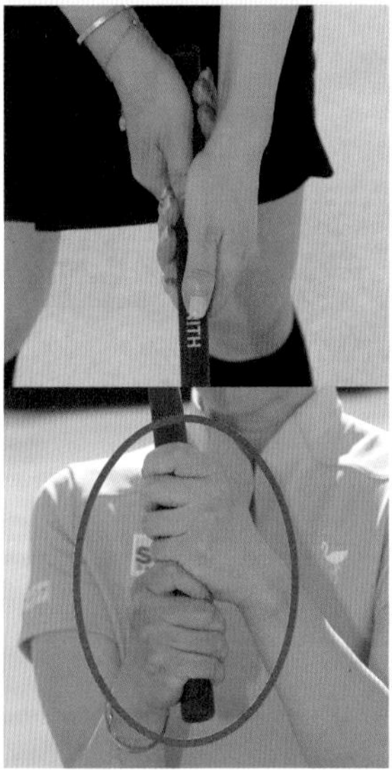

左手主体のグリップです。右手が使いづらいので、右手が悪さをする人にお薦めのグリップです。

オーバーラッピンググリップ

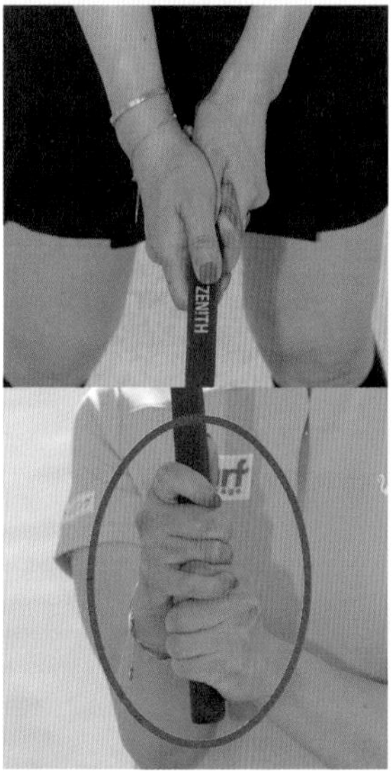

通常のショットのグリップと同じ握り方なので違和感なく握れます。ショットの延長の感覚で打てる右手主体のグリップとなります。

まずは自分に合ったグリップを見つける

ゴルフの中で、パットはプロとアマチュアの差が一番少ないといわれるように、「入れば何でもあり！」なストロークです。

しかし、パットイズマネーの格言通り、プロでも入らなければ様々なグリップと打ち方を試すことになります。

また、自分に合ったボールの位置、構え方、パターの動かし方、リズムなどが正しくできているのか、ドリル（116ページ参照）なども使ってチェックしてください。もちろん、これまで学んできた脇締めや体幹、軸の意識はパットのストロークでも基本です。そして下半身は動かさず体幹で打ちましょう。

自分に合うパッティングを身につける

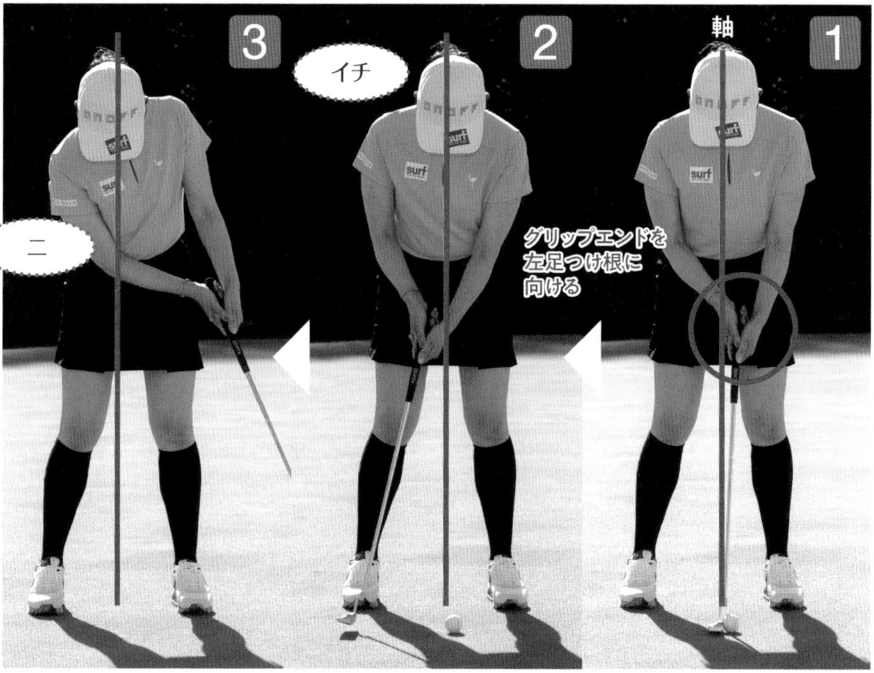
1
軸
グリップエンドを
左足つけ根に
向ける
2
イチ
3
ニ

下半身は動かさないようにどっしり構えます。グリップエンドは左足付け根を指します。

自分で構えてから、リズムを一定に取るようにクラブを動かすと効果的です。

テイクバックからフォローはメトロノームをイメージして、イチ、ニ、イチ、ニなど自分に合ったリズムを刻みましょう。

1
構えもズレる
身体も軸もブレる
2
身体ごとカップに
向かうのでフェイスが
安定しない

パターの軌道を確認するドリル1

1
クラブを2本平行に置き、
間にボールを置く

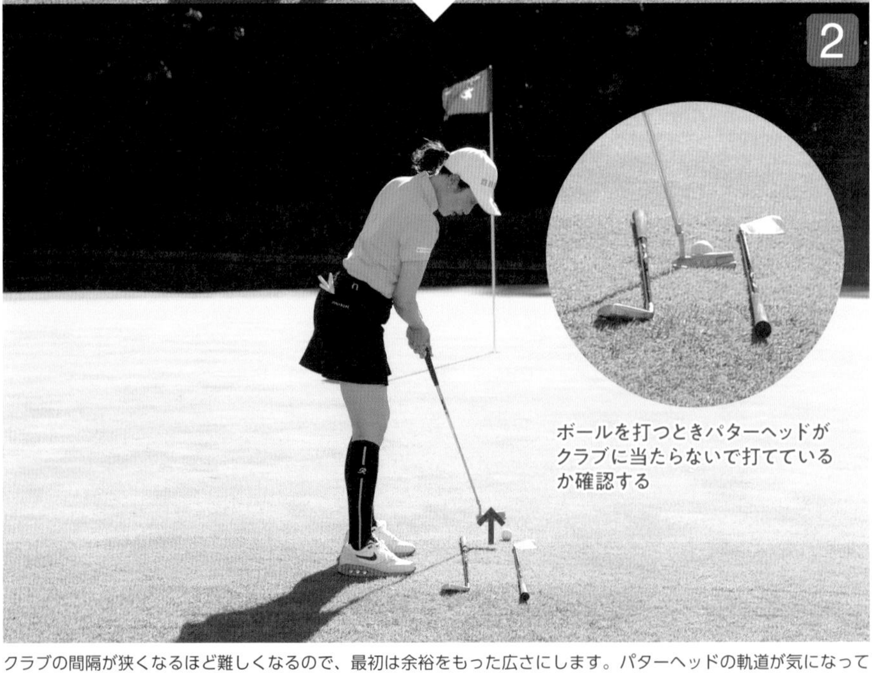
2
ボールを打つときパターヘッドが
クラブに当たらないで打てている
か確認する

クラブの間隔が狭くなるほど難しくなるので、最初は余裕をもった広さにします。パターヘッドの軌道が気になって思ったところに転がっていない人にお薦めのドリルです。

パターの軌道を確認するドリル２

パターヘッドの幅より少しだけ
広めに２本ティーを刺し、ティー
に当たらずにパッティング動作
ができるか確認する

インパクト前後でのパターヘッドの動きを確認するドリルです。前のティーに当たるとカット軌道、後ろのティーに当たるとインサイド軌道になっていますので修正しましょう。

距離感をイメージする

2
1
ピンの位置
ピンを見ながら
素振りをする

初心者のロングパットでは距離感がまったく合わず、極端にショート、大きくオーバーするというケースがよくあります。まずは練習グリーンでロングパットを何度も繰り返して距離感を養いましょう。その際はピンに向かって正面に立ち、ピンを見ながら素振りすると振り幅と距離感のイメージがつかみやすくなりますので試してみてください。

関連動画は
コチラ

シャンク簡単解消ドリル

シャンクとはクラブのネックにボールが当たって、右方向に急角度で飛び出すボールのことです。この突然やってくるシャンクの解消法を教えます。

1
2
×
身体が起き上がって開いている状態になると手元が浮き、フェイスが開くのでシャンクが出る！前のクラブに当たらないようにスイングする

シャンク解消ドリル

1
手元の少し上くらいにクラブをセットしてもらう
2
左腰始動でダウンスイングに入る
3
手元が前のクラブの下にくることと手元が浮かないのでシャンクが出ない
4
手元がクラブの下を通過
5
左腰の回転が使えているのでクラブに当たることなく正しいフォロースルーへと向かう

手元がクラブに当たらないようにスイングすることで、正しい腰の回転も分かります。腰が使えず手打ちになっている人にも効果的なドリルです。

UT(ユーティリティ)を使いこなそう

5I、6I など、ミドルアイアンで球が上がらず苦手意識がある方は、UT を短く持って打ちましょう。球が簡単に上がります。

UTは球が高く上がる

UTはミート率が高いのでおすすめですよ!
UT
アイアン

フェイスがアイアンよりも大きいので打ちやすく感じませんか？　アマチュアの場合、6I で打つと低い球になり、グリーンに届いても転がって奥にこぼれます。でも UT だと球が高く上がりますので止まってくれるのです。アイアンが苦手な方は、安心感があって球も高く上がる UT を使わない手はありません。

グリップを短く持つ

クラブは短い方がスイングしやすいので、UT も人差し指 1 本分ほど短く持ちましょう。それでも長く感じる方は、PW の長さくらいに短くして持ってもかまいません。素振りをして自分が気持ちよくスイングできる長さで OK です。

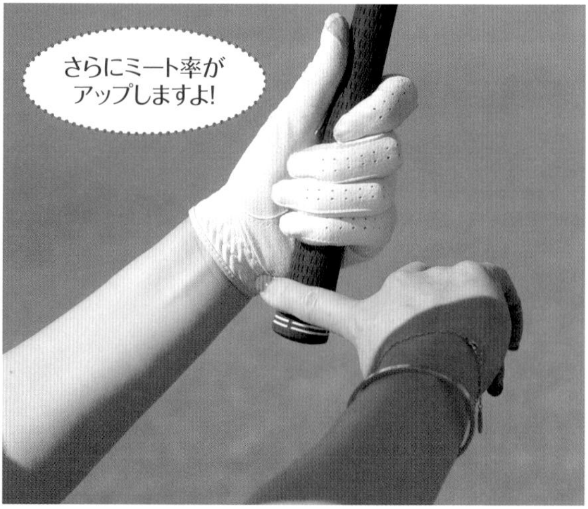
さらにミート率がアップしますよ!

リズムとタイミングを取りながら振ろう

UT だけでなく、FW（フェアウェイウッド）やロングアイアンなど長いクラブに苦手意識があると、打つことに意識が行きスイングがどうしても速くなります。頭の中で、**2** イチ、**3** ニイ〜ノ、**4** サン、というタイミングとリズムを取りながら、フィニッシュまでのスイングイメージを持ちましょう。

手のひらフェイス

関連動画はコチラ

ラフからのアプローチ

ラフからのアプローチで、トップやダルマ落としなどのミスを防ぐには手のひらを使って芝と会話することです。

手のひらをフェイス、裏側のこぶしをバンスとイメージしてください。ラフにあるボールを手のひらで上手くすくえれば、それがクラブの入り方にもつながります。手の角度やフェイスの開き具合、軌道なども試しながら、ラフとお友達になってください。

手でボールをすくうとイメージがつかめる

ラフからボールを打つ場合、最初にすることは、芝とボールのライを見ることです。芝の上に浮いているのか、芝の中に沈んでいるのか。順目なのか、逆目なのかなどをまず観察して、どういう方向からどう打てば上手く打てるのかを考えるのです。

その際、私は手のひらをフェイスだと思って、どうやればボールを芝から上手くすくえるのかを芝と会話してつかみなさいと言っています。その練習として、実際に芝の中にあるボールを手ですくってみましょう。角度や開き具合など試しているうちにすくいやすい方法が見つかるはずです。あとはその感覚をクラブに置き換えてください。

ラフでクラブをインサイドに引いて打つと様々なミスにつながる。手でインサイドからボールをすくおうとすると、上手くすくえないことが分かる

インサイドからのダウンスイングは、インパクトゾーンが短くなるのでボールを上手くさばけない。トップやダフリなどのミスにつながる

関連動画は
コチラ

ラフからのショット

ラフに入った時、力で出そうとして大振りすると芝に負けてしまいます。グリップを短く持ってラフの状況にあったスイングをしましょう。

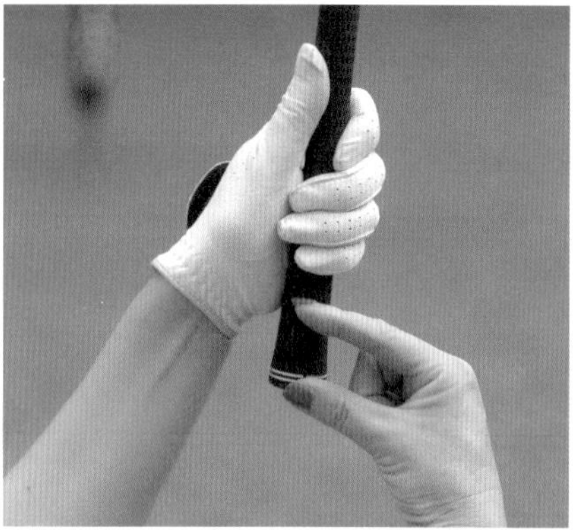

ラフからのショットの場合も芝の抵抗を受けるのでクラブは指２本分短く持ちます。打つ前に芝の中で素振りして、芝の抵抗に負けないか確かめましょう。

浅めのラフ

ラフからのショットの場合でも、前項でも説明したように最初はライの状況を確かめましょう。

グリップエンドは
左足付け根を
指します

ボールは中央よりやや左足寄り、グリップエンドを左足付け根方向に向け、大振りに気をつけて振りましょう。

ポイント
カット軌道で
打つのがいいな

浅いラフでも芝の抵抗が強そうな場合はややフェイスを開いてカット軌道に打ちます。あるいは、番手を下げてミート率の高いショット選択するのもアリです。

深いラフからのショット
（クラブを上から入れることが大事）

1
左足6：右足4の
左足体重に構える
4
6
2
大振りすぎないよ
うに気を付ける
3
左回転
下半身始動にす
るとコックが保た
れてクラブが鋭角
に下りてくる
4
左足体重（6：4）
なのでヘッドが上
から鋭角に入る
5
ヘッドが鋭角に入
ることで手前の芝
をかまないでボー
ルをとらえる
6
深いラフから
脱出できる

深いラフの場合は、クラブがフラットに入ると芝の抵抗を受け、ボールはうまく出ません。

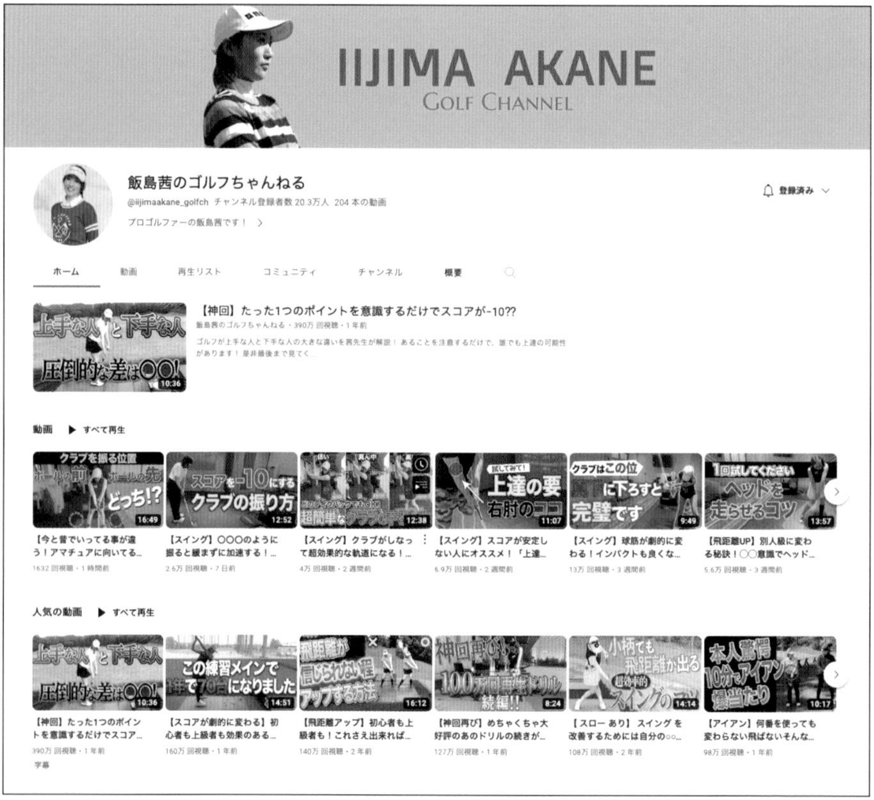

飯島茜のゴルフちゃんねる

開設 2 年目。登録者数 20 万人超え。姉妹で企画から撮影まで、アマチュア目線で、簡単にゴルフレッスン動画を紹介している。現役時代に行っていた、実際のドリル、レッスン中の独特の言い回しや擬音などを使い、インパクトのある、オモシロ。笑！ゴルフレッスン動画を配信している。

著者：飯島 茜（いいじま・あかね）

1983年7月11日生まれ。千葉県出身。プロゴルファー。幼少時代から陸上、バスケットとあらゆるスポーツをこなし、ゴルフは中学時代から才能を発揮。2006年にツアー初優勝。2007年には「日本女子プロゴルフ選手権大会コニカミノルタ杯」で自身初となるメジャータイトルを獲得。2015年には「Tポイントレディス」で5シーズンぶりの復活優勝を飾り、ツアー通算7勝を挙げた実力者。2019年より森永高滝ゴルフアカデミーにてラウンドレッスン、2020年より東宝調布スポーツパークにて、「飯島茜 TOHO GOLF ACADEMY」を開設。2021年に開設したYouTubeチャンネル「飯島茜のゴルフちゃんねる」は、チャンネル登録者数20万人越えと、活躍の場を広げている。

Instagram:akaneiijima711

X(旧twitter):@pan711

協力：松本遥（ハルちゃん）

飯島茜の妹。2005年から姉とLPGAゴルフツアーにマネージャー兼キャディー、コーチとして帯同。2008年には廣済堂レディースで姉のキャディーを務め優勝に貢献。現在は姉のマネージャー、『飯島茜のゴルフちゃんねる』企画運営、ゴルフのティーチング資格を活かし個人レッスン等をおこなう。

正しい打ち方教えます
飯島茜のゴルフ上達レッスン

2023年9月30日　初版第1刷発行

著　者　飯島 茜

発行者　角竹輝紀

発行所　株式会社マイナビ出版
〒101-0003
東京都千代田区一ツ橋2-6-3
一ツ橋ビル2F
0480-38-6872（注文専用ダイヤル）
03-3556-2731（販売部）
03-3556-2735（編集部）
URL：https://book.mynavi.jp

印刷・製本 シナノ印刷株式会社

STAFF
編集協力　ナイスク https://naisg.com/
松尾里央　岸正章　崎山大希　鈴木陽介
執筆協力　田中宏幸
デザイン　沖増岳二
撮影　中崎武志　佐藤博之
メイク　岡山優子
イラスト　アドプラナ
撮影協力　ザ・カントリークラブ・ジャパン
株式会社ランドハウジング@永福町

注意事項

・本書について質問等ありましたら、往復ハガキまたは返信用切手、返信用封筒を同封の上、株式会社マイナビ出版編集第2部書籍編集1課までお送りください。

・乱丁・落丁についてのお問い合わせは、TEL：0480-38-6872（注文専用ダイヤル）、電子メール：sas@mynavi.jp までお願いいたします。

・本書の記載は2023年8月現在の情報に基づいております。そのためお客様がご利用されるときには、情報や価格が変更されている場合もあります。

定価はカバーに記載しております。

ISB978-4-8399-8383-3
Printed in Japan